utb 5593

Eine Arbeitsgemeinschaft der Verlage

Böhlau Verlag · Wien · Köln · Weimar
Verlag Barbara Budrich · Opladen · Toronto
facultas · Wien
Wilhelm Fink · Paderborn
Narr Francke Attempto Verlag / expert verlag · Tübingen Haupt Verlag · Bern
Verlag Julius Klinkhardt · Bad Heilbrunn
Mohr Siebeck · Tübingen
Ernst Reinhardt Verlag · München
Ferdinand Schöningh · Paderborn
transcript Verlag · Bielefeld
Eugen Ulmer Verlag · Stuttgart
UVK Verlag · München
Vandenhoeck & Ruprecht · Göttingen
Waxmann · Münster · New York
wbv Publikation · Bielefeld
Wochenschau Verlag · Frankfurt am Main

Das diesem Buch zugrundeliegende Vorhaben wurde im Rahmen der gemeinsamen „Qualitätsoffensive Lehrerbildung“ von Bund und Ländern mit Mitteln des Bundesministeriums für Bildung und Forschung unter dem Förderkennzeichen 01JA1603 gefördert. Die Verantwortung für den Inhalt dieser Veröffentlichung liegt bei den Autoren.

GEFÖRDERT VOM

Bundesministerium
für Bildung
und Forschung

Timo Beckmann
Timo Ehmke

Mentoring in schulischen Praxisphasen

*Unter Mitarbeit von
Claudia Dede, Annemarie Kriel,
Stefan Spöhrer und Sandra Witt*

Verlag Julius Klinkhardt
Bad Heilbrunn • 2021

Online-Angebote oder elektronische Ausgaben zu diesem Buch
sind erhältlich unter utb.de und elibrary.utb.de

Arbeitsmaterialien aus dem Buch sind ergänzend online in der elibrary.utb.de verfügbar:
https://elibrary.utb.de/doi/suppl/10.36198/9783838555935

Dieser Titel wurde in das Programm des Verlages mittels eines Peer-Review-Verfahrens
aufgenommen. Für weitere Informationen siehe www.klinkhardt.de.

Die Deutsche Bibliothek – CIP-Einheitsaufnahme
Die Deutsche Nationalbibliothek verzeichnet diese Publikation in der Deutschen Nationalbibliografie;
detaillierte bibliografische Daten sind im Internet über http://dnb.d-nb.de abrufbar.

Satz: Kay Fretwurst, Spreeau.
Foto Umschlagseite 1: © Elnur / Adobe Stock.
Einbandgestaltung: Atelier Reichert, Stuttgart.

Druck und Bindung: Friedrich Pustet, Regensburg.
Printed in Germany 2021.
Gedruckt auf chlorfrei gebleichtem alterungsbeständigem Papier.

utb-Band-Nr.: 5593
ISBN 978-3-8385-5593-5 digital **doi.org/10.35468/utb5593**
ISBN 978-3-8252-5593-0 print

Inhalt

Kapitelübersicht

1. Über dieses Praxisbuch

In diesem Kapitel …

- … erhalten Sie einen inhaltlichen Überblick über dieses Buch.
- … erfahren Sie, wie Sie dieses Buch für Ihre Tätigkeit in der Lehrkräftebildung nutzen können.
- … erhalten Sie einen Überblick über den Aufbau der jeweiligen Kapitel.
- … wird ein Fallbeispiel einer Praktikumssituation einer Studentin erläutert.

2. Lerngelegenheiten auf dem Weg zur Lehrkraft

In diesem Kapitel …

- … wird der kumulative Expertiseaufbau von angehenden Lehrkräften thematisiert.
- … werden Ziele und Aufgaben von Praxisphasen im Studium und des Vorbereitungsdienstes erläutert.
- … wird ein Fokus auf die Aufgaben des Lernortes „Schule" gelegt.
- … können Sie anhand eigener Erfahrungen aus der Ausbildungszeit reflektieren, was für Sie besonders lernwirksam war.
- … erhalten Sie Materialien, um die ersten Tage im Praktikum bzw. Vorbereitungsdienst zu gestalten.

3. Zusammenarbeit gestalten

In diesem Kapitel …

- … erfahren Sie mehr über die Rollen von Mentor*innen, Lehrkräftebildner*innen an Universitäten und Studienseminaren sowie von Studierenden in Praxissituationen.
- … nutzen Sie dieses Wissen, um mögliche Formen der Zusammenarbeit zwischen Mentor*innen und Studierenden zu reflektieren.
- … bearbeiten Sie Reflexionsanregungen und bekommen Aufgabenvorschläge für angehende Lehrkräfte, die Ihnen helfen, bewusst Ihre eigene Rolle als Mentor*in zu finden und gleichzeitig Ihre Zusammenarbeit zu gestalten. Sie erhalten Ideen, wie Sie von der Zusammenarbeit mit Studierenden profitieren können.
- … erhalten Sie Hinweise, wie ein Erstgespräch zwischen Ihnen und Studierenden geführt werden kann.

4. Unterricht mit Lernenden planen und Unterricht beobachten

In diesem Kapitel …

- … werden noch einmal die wichtigsten Aspekte von Unterrichtsplanung, insb. für Novizinnen und Novizen benannt.
- … erfahren Sie mögliche Checkfragen an Unterrichtsplanungen von Studierenden.
- … erfahren Sie, wie man bereits während der Unterrichtsplanung Kriterien einer späteren Unterrichtsbeobachtung berücksichtigt.
- … stellen wir Ihnen eine beispielhafte Unterrichtsskizze einer Studentin vor, die als Grundlage für spätere Besprechungen zum Unterricht bzw. zum gemeinsamen Unterricht dienen kann.

5. Über Unterricht sprechen

In diesem Kapitel …

- … erfahren Sie, welche Ziele und Potentiale Unterrichtsbesprechungen haben.
- … erfahren Sie, wie Sie eine Unterrichtsvor- bzw. nachbesprechung für Studierende möglichst lernwirksam durchführen können.
- … erhalten Sie Hinweise zum Zusammenhang zwischen Unterrichtsplanung, Unterrichtsdurchführung und Unterrichtsreflexion bzw. Feedback.
- … stellen wir Ihnen mögliche Ablaufschemata für Besprechungen zur Verfügung.
- … werden die Prinzipien an einer beispielhaften Unterrichtsvorbesprechung und einer Unterrichtsnachbesprechung verdeutlicht.

6. Die Entwicklung der angehenden Lehrkraft reflektieren

In diesem Kapitel …

- … stellen wir den Abschluss bzw. die Zwischenreflexion einer Praktikumssituation bzw. des Vorbereitungsdienstes in den Vordergrund und es werden Möglichkeiten der Reflexion des Lernens von angehenden Lehrkräften thematisiert.
- … erhalten Sie anhand eines kommentierten Gesprächs ein Beispiel für eine gelingende Zwischenreflexion.

7. Schwierige Situationen in der Begleitung angehender Lehrkräfte bearbeiten

In diesem Kapitel ….

- … werden typische, schwierige Situationen in der Begleitung angehender Lehrkräfte aufgezeigt.
- … erhalten Sie zu jeder typischen Situation einordnende Impulse, Reflexionsfragen und eine mögliche Herangehensweise.
- … ermutigen wir Sie, auch in besonderen Situationen nach den Prinzipien dieses Praxisbuchs zu verfahren.

1. Über dieses Praxisbuch

Dieses Kapitel …
- … gibt einen inhaltlichen Überblick über dieses Buch.
- … erläutert, wie Sie dieses Buch für Ihre Tätigkeit in der Lehrkräftebildung nutzen können.
- … gibt einen Überblick über den Aufbau der jeweiligen Kapitel.
- … erläutert ein Fallbeispiel einer Praktikumssituation einer Studentin.

Stellen Sie sich als Lehrkraft vor:
Sie als Lehrkraft erwarten in der kommenden Woche eine Studentin an Ihrer Schule. Sie wissen, dass diese im Bachelorstudium bereits einige schulpraktische Erfahrungen gesammelt hat und dass Sie die Studentin jetzt während ihres Masterstudiums für mehrere Monate im Langzeitpraktikum als Mentor*in begleiten sollen. Sie kennen die Studentin nicht und können noch gar nicht richtig einschätzen, was Sie ihr schon an Aufgaben übertragen können und wie Sie die Studentin gut einbinden. Zudem machen Sie sich Gedanken darüber, was die Studentin aus der Universität mitbringt und ob Sie die an Mentor*innen gestellten Erwartungen erfüllen können.
An dieser Stelle setzt dieses Werk an – eine fiktive Studentin dient uns dabei als Beispiel. Es könnte sich auch um eine Lehrkraft im Vorbereitungsdienst handeln. Wir möchten Sie dabei unterstützen, sich Ihrer Rolle als Mentor*in bewusst zu werden und Ihnen Hilfsmittel zur Begleitung der Studentin anbieten. ◁

Die professionelle Begleitung von angehenden Lehrkräften ist eine bedeutsame und gleichzeitig herausfordernde Aufgabe. Studierende und Lehrkräfte im Vorbereitungsdienst (LiV) haben je nach Ausbildungssituation einen unterschiedlichen Erfahrungs- und Wissenshintergrund sowie unterschiedliche Ausbildungsbedürfnisse. Für Mentor*innen, Praxislehrpersonen, Anleiter*innen, Praktikumslehrkräfte, Fach- und Studienseminarleitungen sowie für universitäres Lehrpersonal – oder auch allgemein Lehrkräftebildner*innen – ist die individuelle Begleitung von zukünftigen Lehrkräften oft nur eine weitere Aufgabe, die neben „normalen“ (unterrichtlichen) Tätigkeiten organisiert und gestaltet werden muss.
Dieses Buch soll für diese Personengruppen eine Unterstützung bieten und richtet sich in erster Linie an Lehrkräfte, die Studierende und Lehrkräfte im Vorbereitungsdienst in der Schule begleiten. Als eine solche „Ausbildungslehrkraft“, „Praxislehrperson“ oder „Mentor*in“ übernehmen Sie eine wichtige Aufgabe im Pro-

fessionalisierungsprozess der angehenden Lehrkräfte. Darüber hinaus richten wir uns direkt an Studierende der Lehrkräftebildung und an Lehrkräftebildner*innen in Studienseminaren und Universitäten. Wir haben für Sie eine Reihe von wissenschaftlichen Erkenntnissen sowie Ideen zusammengetragen, die Sie im Kontext von schulpraktischen Situationen nutzen können.

Im Mittelpunkt steht die Gestaltung der Zusammenarbeit zwischen Mentor*innen und angehenden Lehrkräften, so dass eine gute Lernsituation für Ihre Schülerinnen und Schüler entsteht, die angehenden Lehrkräfte sich weiterentwickeln können und auch Sie als Mentor*in davon profitieren.

Dieses Buch wurde durch ein gemeinsames Entwicklungsteam bestehend aus Forschenden und Lehrenden der Universität, Fachseminarleitungen aus einem Studienseminar, Studierenden der Lehrkräftebildung und Lehrkräften im Kontext des ZZL-Netzwerks (Straub & Dollereder, 2019) der Leuphana Universität Lüneburg entwickelt. Insofern haben wir hiermit unterschiedliche Perspektiven auf Professionalisierungsprozesse zusammengeführt und knüpfen dabei an übergreifende Forschungsergebnisse, unsere Forschung am Standort Lüneburg und unseren praktischen Erfahrungen in Universität, Studienseminar und Schule an.

Im Projekt ZZL-Netzwerk, welches im Rahmen der Qualitätsoffensive Lehrerbildung durch das BMBF gefördert wird, sollen durch phasen- und institutionenübergreifende Zusammenarbeit Konzepte für die Lehrkräftebildung entstehen, die sowohl forschungs- und evidenzbasiert entwickelt wurden, als auch anschlussfähig an die Schulpraxis sind. Entwicklungsteams bilden den zentralen Arbeitsmodus des ZZL-Netzwerks und stellen damit einen grundlegenden Pfeiler der Anstrengungen zur Verknüpfung von Theorie und Praxis an der Leuphana Universität Lüneburg dar.

Es wird an dieser Stelle allen aktiven und ehemaligen Mitgliedern des Entwicklungsteams für die Tätigkeit im Team gedankt, die durch ihre Mitarbeit direkt und indirekt an der Entwicklung dieses Praxisbuchs mitgewirkt haben.

Inhaltlich fokussieren wir uns in diesem Buch auf den Unterricht als Kernaufgabe von Lehrkräften. Dabei beginnen wir jedoch nicht mit der Unterrichtsdurchführung oder Planung, sondern mit der Vergegenwärtigung von Professionalisierungsprozessen und wie diese durch bewusst gestaltete Lerngelegenheiten gefördert werden können. Im Mittelpunkt steht die Reflexion der Frage, wie Personen lernen können, Lehrkraft zu sein und welche Lerngelegenheiten und Unterstützungsangebote ihnen dabei helfen können (Kapitel 2). Wir bieten Ihnen in diesem Kapitel auch Anregungen darüber nachzudenken, was die Aufgaben von Mentor*innen sind.

Im Anschluss (Kapitel 3) widmen wir uns dem professionellen Arbeitsbündnis zwischen der*dem Studierenden bzw. LiV und Ihnen als Mentor*in. Hierbei möchten wie Sie dazu ermutigen, die Begleitung von angehenden Lehrkräften auch als eigene Lernchance zu begreifen und Studierende bzw. LiVs als zukünftige Kolleg*innen zu betrachten, mit denen sie gemeinsam reale Aufgaben bewältigen. Sie nutzen dabei die Expertise als erfahrene Lehrperson und binden zukünftige Lehrkräfte entsprechend ihres Entwicklungsstandes insbesondere in unterrichtliche Planungs-, Durchführungs- und Reflexionsprozesse ein.

Im Kapitel 4 steht die Planung von Unterricht als eine zentral auszubildende Kompetenz in Ausbildungssituationen im Fokus. Wir diskutieren, welche Aspekte in der Unterrichtsplanung relevant sind, wie sich die Unterrichtsplanung insbesondere für Novizinnen und Novizen praxistauglich strukturieren lässt und wie sich Unterricht, vor allem für eine Co-Teaching-Situation (in der Sie sich häufig mit angehenden Lehrkräften befinden werden), planen lässt. Erfahrene Lehrkräfte planen Unterricht häufig deutlich heuristischer und mit einer hohen Flexibilität. Angehenden Lehrkräften hilft eine strukturierte Unterrichtsplanung dabei, eine gewisse Sicherheit für die Unterrichtsdurchführung zu erlangen. In der Planung können zudem bereits Reflexionsprozesse angestoßen werden. Wir machen einen Vorschlag für die Entwicklung einer Unterrichtsskizze, welche durch Studierende bzw. Lehrkräfte im Vorbereitungsdienst genutzt werden kann und als Grundlage für eine gemeinsame Weiterentwicklung dient. Im Zusammenhang mit der Planung von Unterricht thematisieren wir auch die kriteriengeleitete Unterrichtsbeobachtung.

Kapitel 5 greift Unterrichtsvor- und -nachbesprechungen als zentrale Lerngelegenheit für Studierende und LiVs auf. Es wird ein Vorschlag gemacht, wie eine solche Besprechung theoretische und praktische Inhalte miteinander vernetzt, wie Sie gut gemeinsam Unterricht planen, welche Themen relevant sind und wie Sie eine solche Besprechung strukturieren können. Ein Fokus liegt auf der Gestaltung der Vorbesprechung, gleichwohl erarbeiten wir wirksame Methoden des Feedbacks für die Nachbesprechung. Darüber hinaus wird dargestellt, wie Sie Studierende zur Reflexion anregen können.

Im Anschluss daran (Kapitel 6) entfernen wir uns von der konkreten Unterrichtssituation und nehmen die professionelle Entwicklung von Studierenden bzw. LiVs insgesamt in den Blick. Auch hierbei fokussieren wir uns auf gemeinsame Gesprächssituationen. Vorgestellt werden hier Ziele und Umsetzungsmöglichkeiten eines Zwischen- oder Abschlussgesprächs zu einem Praktikum oder dem Vorbereitungsdienst.

Abschließend (Kapitel 7) nehmen wir typische, schwierige Situationen in der Begleitung von angehenden Lehrkräften in den Blick. Mit Reflexionsanregungen und einer möglichen Herangehensweise stellen wir Hilfsmittel zur Bearbeitung der Situation bereit.

Material: Verlauf der Praxisphasen: In der folgenden Abbildung sind die Kernfragen von Studierenden und Lehrkräften im Vorbereitungsdienst im zeitlichen Verlauf einer Praxisphase dargestellt. Die Abbildung kann als prototypische Landkarte durch eine Praxisphase betrachtet werden. Sie können diesen Ablauf gemeinsam mit der*dem Studierenden besprechen. ◁

Abbildung 1: Fragen im Verlauf der Praxisphase (aus Sicht der angehenden Lehrkraft)

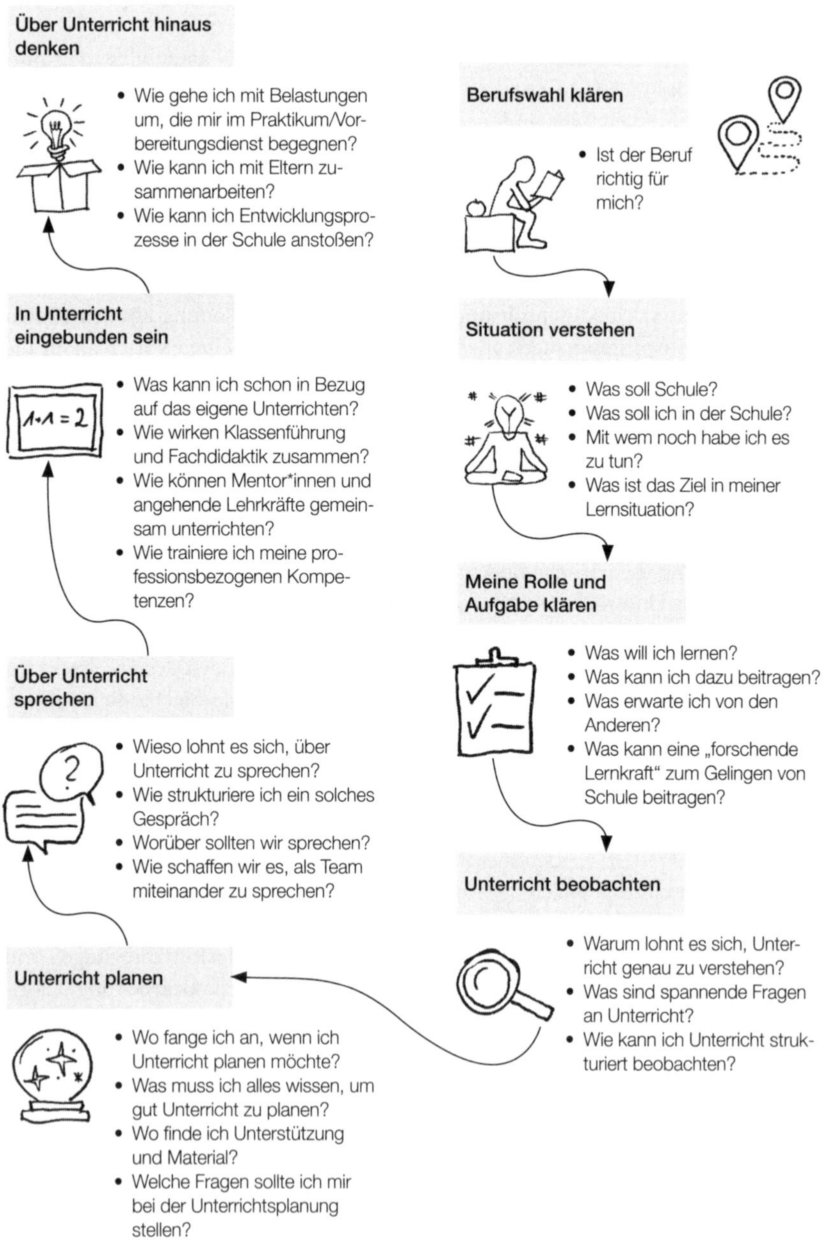

Aufbau der Kapitel

Die Kapitel dieses Buches sind jeweilig nach einem vergleichbaren System aufgebaut:

- Ausgehend von einer konkreten Situation in der Begleitung angehender Lehrkräfte werden zentrale Herausforderungen im jeweiligen inhaltlichen Feld des Kapitels herausgearbeitet.
- Anschließend werden jeweils wichtige Begriffe, Konzepte und Zusammenhänge dargestellt und eingeordnet.
- Reflexionsanregungen für Mentor*innen und Aufgabenvorschläge zur Weiterreichung und zur gemeinsamen Bearbeitung mit Studierenden/LiVs initiieren den gemeinsamen Entwicklungsprozess zum jeweiligen Thema des Kapitels.
- Arbeitsmaterialien vertiefen oder illustrieren die konkreten Inhalte und werden mit Literaturhinweisen zur Vertiefung kombiniert.

Alle Materialien sind ergänzend im DIN A 4-Format als Druckvorlage auf der Webseite des Verlags online verfügbar.

Fallbeispiel einer Studentin

In diesem Buch arbeiten wir mit der Situation einer prototypischen, fiktiven Studentin, an der alle Beispiele entwickelt wurden. Die Situation und die Studierende werden im Folgenden kurz vorgestellt.
Anna studiert Lehramt an Grundschulen mit den Fächern Deutsch und Musik. Sie ist aktuell im Langzeitpraktikum im zweiten Mastersemester und hat jeweils eine Mentorin in den beiden Fächern. Ihr Praktikum absolviert Anna an einer Grundschule in Stadtrandlage. Die Schule nimmt jedes Jahr ca. 100 Schülerinnen und Schüler auf. Der Unterricht in der Schule findet typischerweise im Klassenverband statt, wobei die ersten beiden Klassenstufen als gemeinsame Eingangsphase konzipiert sind. Im weiteren Verlauf dieses Buches wird sich auf den Unterricht im Fach Deutsch als Beispiel bezogen. Anna unterrichtet unter Leitung der Mentorin in den ersten beiden Jahrgangsstufen Deutsch. Die Mentorin in Deutsch ist seit 20 Jahren Lehrerin und verfügt über viel didaktisches und methodisches Wissen und Erfahrung. Die Mentorin ist insbesondere sehr erfahren im Bereich Deutsch als Zweitsprache (DaZ). Vor 20 Jahren hat die Mentorin selber noch ein Staatsexamensstudium (und kein Bachelor-/Master-Studium) ohne Langzeitpraktikum absolviert. Sie hat allerdings seit einigen Jahren keine Studierenden mehr begleitet. Insofern ist die Situation der Betreuung einer Studierenden in einem Langzeitpraktikum für sie neu.

Die Praktikumserfahrung der Studentin

Dem Praktikum sah die Studentin mit großer Vorfreude entgegen. Sie hatte den Anspruch möglichst viele Kompetenzen aufzubauen und sich in ihrer Berufswahl zu bestätigen. Für beide Fächer wünschte sie sich ein gutes Verhältnis zu ihren Mentorinnen. Da sie im Fach Deutsch vor allem den Anfangsunterricht gestalten würde, hoffte sie dort auf besonders viel Unterstützung von ihrer Mentorin. Für sie war dies eine neue Aufgabe, die sie noch nicht alleine bewältigen konnte.

Noch vor dem Praktikum erhält Anna ihren Stundenplan und die Möglichkeit, sich mit ihren zwei Mentorinnen für die beiden Unterrichtsfächer auszutauschen. Zu Beginn des Praktikums gibt es ein Vorgespräch, in dem die Mentorinnen mit der Studierenden über ihre Erwartungen und Aufgaben sprechen. Somit ist von Beginn an grob geklärt, welche Aufgabenbereiche Anna übernimmt und wie sie sich im Unterricht der Mentorinnen zu verhalten hat und integrieren kann. Dabei sprechen alle drei darüber, dass Anna jederzeit als Unterstützung für die Lehrkraft in den Unterricht eingreifen und bestimmten, auffälligen Schüler*innen helfen soll.

Aus der Perspektive der Studentin Anna wird dieser Einstieg als nicht ganz optimal aufgenommen. Es erfolgte keine Begrüßung durch die Schulleitung und auch die Mentorinnen stellten sie nicht den Kolleg*innen vor. Insofern macht der Start ins Praktikum für Anna aus ihrer Perspektive einen teilweise unstrukturierten Eindruck, der ihr noch nicht ausreichend Sicherheit vermittelt.

Im Verlauf des Praktikums unterstützen die Mentorinnen Anna immer wieder stark situativ. Sie stehen bei Fragen zur Verfügung und geben ihr Material.

Allerdings erfolgt nur sehr selten eine strukturierte und systematische Einbeziehung, die sich an den Zielen von Anna orientiert. So wird Unterricht von Anna in der Regel nicht besprochen, sondern Anna lernt vielmehr durch „Ausprobieren", aber nicht durch bewusste gemeinsame Planung, Feedback und Reflexion.

Zum Abschluss des Praktikums hat Anna eine enge Beziehung zu einer Vielzahl der Schülerinnen und Schüler aufgebaut, sie freut sich auf den Vorbereitungsdienst. Gleichzeitig geht sie aber auch mit vielen Fragen an die Universität zurück. Gefehlt hat ihr die systematische Einbindung, die gemeinsame Unterrichtsplanung und -reflektion und eine Orientierung an Ihren Lernbedürfnissen.

2. Lerngelegenheiten auf dem Weg zur Lehrkraft

Dieses Kapitel …
- … beschreibt den kumulativen Expertiseaufbau von angehenden Lehrkräften.
- … erläutert Ziele und Aufgaben von Praxisphasen im Studium und im Vorbereitungsdienst.
- … legt den Fokus auf die Aufgaben des Lernortes „Schule“.
- … bietet Anregungen, wie Sie anhand Ihrer eigenen Erfahrungen aus der Ausbildungszeit reflektieren, was für Sie besonders lernwirksam war.
- … enthält Materialien zur Gestaltung der ersten Tage im Praktikum bzw. Vorbereitungsdienst.

Stellen Sie sich als Lehrkraft vor:
Nächste Woche kommt die Studentin – wir nannten sie im vorherigen Kapitel Anna – zu Ihnen an die Schule. Sie wissen bereits, dass sie im Master studiert und während des Bachelorstudiums schon einige Praktika absolviert hat. Sie stehen vor der Herausforderung, ihr lernförderliche Lerngelegenheiten im Praktikum bieten zu wollen. Dabei haben Sie aber natürlich vor allem auch das Lernen der Schülerinnen und Schüler im Kopf. Wie kann die Studentin viele Stunden unterrichten und dabei gleichzeitig das Lernen der Schülerinnen und Schüler gefördert werden? Wie stehen die Erfahrungen in der Schule in Bezug zu den Inhalten an der Universität? Zusammengefasst fragen Sie sich vielleicht: „Was ist eigentlich das Ziel der Praxisphase im Rahmen der Lehrkräftebildung?“ ◁

Schulen sind ein wichtiger Lernort für angehende Lehrkräfte. Schulpraktische Phasen während des Studiums sind bei Studierenden in der Regel sehr beliebt (Makrinus, 2013) und ermöglichen ihnen ein hohes Kompetenzerleben. Studierende haben oft das Gefühl in der Praxisphase sowohl viel zu lernen, als auch schon viel zu können. In den letzten Jahren wurde der Anteil an Praxisphasen im Studium in vielen Bundesländern erhöht (König, Rothland & Schaper, 2018; Weyland & Wittmann, 2015). Gleichzeitig zeigt sich auf längere Sicht, dass der eigene Lernzuwachs nachträglich weniger optimistisch eingeschätzt wird (Hascher, 2006) und das für den Erfolg von Praktika weniger die zeitliche Dauer, sondern die Qualität der Lernbegleitung prädiktiv ist (Gröschner & Hascher, 2019).
Auch wenn Praxisphasen eine steigende Bedeutung im Studium einnehmen und der Vorbereitungsdienst als eigene überwiegend schulpraktische Phase in der Lehr-

kräftebildung etabliert ist, so sind diese Anteile in der Lehrkräftebildung nicht isoliert, nicht unter allen Bedingungen wirksam und auch nicht kohärent. Im Folgenden werden daher zuerst die Ziele der Lehrkräftebildung insgesamt dargestellt, darauf folgt eine Fokussierung auf die Ziele von schulpraktischen Phasen. Wir gehen mit Ihnen im Anschluss beispielhaft eine Struktur universitär begleiteter Praxisphasen in Niedersachsen durch. Da vielerorts nicht nur die praktischen Anteile des Studiums gestärkt werden, sondern vielmehr auch die Forschungsorientierung im Studium im Fokus steht, gehen wir auf Möglichkeiten des Forschenden Lernens in Gleichzeitigkeit zu Praxisphasen ein. Zusammenfassend endet das Kapitel mit einer Übersicht zu Kriterien guter Lerngelegenheiten im Kontext von Praxisphasen.

Bereits hier sei erwähnt, dass in diesem Buch insbesondere das Lernen der zukünftigen Lehrkräfte betrachtet wird, an der Schule aber immer der Unterricht für die Schülerinnen und Schüler im Fokus steht. Alle Aktivitäten von angehenden Lehrkräften müssen daher doppelt gerechtfertigt werden: Einerseits in Bezug auf ihre erwartete Wirkung auf die Schülerinnen und Schüler und andererseits in Bezug auf das Lernen und die Professionalisierung der angehenden Lehrkräfte.

Ziele und Struktur der Lehrkräftebildung

Die Lehrkräftebildung wird in Verantwortung der jeweiligen Bundesländer unterschiedlich ausdifferenziert, jedoch lassen sich übergreifende Ziele und Strukturmerkmale festhalten, die für einen Großteil der Bundesländer gelten. Diese werden hier am Beispiel von Niedersachsen zusammenfassend dargestellt.
Das Bachelorstudium hat eine Länge von sechs Semestern und dient insbesondere dem Aufbau fachwissenschaftlichen Wissens in den studierten Unterrichtsfächern. Darüber hinaus dient es der Anbahnung fachdidaktischen und bildungswissenschaftlichen Grundlagenwissens. Das daran anschließende Masterstudium ist auf einen spezifischen Lehramtstyp ausgerichtet und hat vor allem den Aufbau fachdidaktischen und bildungswissenschaftlichen Wissens als Ziel. Während das Bachelorstudium grundsätzlich auch berufliche Perspektiven außerhalb des Schulsystems aufzeigen soll, so ist das Masterstudium klar professionsorientiert auf eine spätere Tätigkeit als Lehrkraft ausgerichtet. Das Masterstudium umfasst in Niedersachen für alle Lehramtstypen vier Semester.
Im daran anschließenden Vorbereitungsdienst sind die zukünftigen Lehrkräfte bereits in der Hauptzeit in einer Schule eingesetzt und sie bauen unterrichtliche Routinen auf. Begleitet werden sie durch regelmäßige, fachdidaktische und allgemeindidaktische bzw. pädagogische Seminarveranstaltungen.

Die Lehrkräftebildung orientiert sich in Ihren Zielen und der Umsetzungsstruktur bundesweit einerseits an zentralen Vorgabedokumenten der Kultusministerkonferenz – und damit auch an politisch beeinflussten Strukturen bzw. Zielen – sowie an wissenschaftlich entwickelten Systematisierungen zum Wissen und Können von Lehrkräften (KMK, 2004, 2005; Kultusministerkonferenz & Hochschulrektorenkonferenz, 2008, 2010).

Durch die Kultusministerkonferenz wurden als Standards für die Lehrerbildung – Bildungswissenschaften vier Kompetenzbereiche mit insgesamt elf Kompetenzen als übergreifendes Ziel der Lehrkräftebildung konzipiert. Die Kompetenzbereiche mit den entsprechenden Kompetenzen lauten (KMK, 2004):

- Kompetenzbereich Unterrichten
  - Lehrerinnen und Lehrer planen Unterricht fach- und sachgerecht und führen ihn sachlich und fachlich korrekt durch.
  - Lehrerinnen und Lehrer unterstützen durch die Gestaltung von Lernsituationen das Lernen von Schülerinnen und Schülern. Sie motivieren Schülerinnen und Schüler und befähigen sie, Zusammenhänge herzustellen und Gelerntes zu nutzen.
  - Lehrerinnen und Lehrer fördern die Fähigkeiten von Schülerinnen und Schülern zum selbstbestimmten Lernen und Arbeiten.

- Kompetenzbereich Erziehen
  - Lehrerinnen und Lehrer kennen die sozialen und kulturellen Lebensbedingungen von Schülerinnen und Schülern und nehmen im Rahmen der Schule Einfluss auf deren individuelle Entwicklung.
  - Lehrerinnen und Lehrer vermitteln Werte und Normen und unterstützen selbstbestimmtes Urteilen und Handeln von Schülerinnen und Schülern.
  - Lehrerinnen und Lehrer finden Lösungsansätze für Schwierigkeiten und Konflikte in Schule und Unterricht.

- Kompetenzbereich Beurteilen
  - Lehrerinnen und Lehrer diagnostizieren Lernvoraussetzungen und Lernprozesse von Schülerinnen und Schülern; sie fördern Schülerinnen und Schüler gezielt und beraten Lernende und deren Eltern.
  - Lehrerinnen und Lehrer erfassen Leistungen von Schülerinnen und Schülern auf der Grundlage transparenter Beurteilungsmaßstäbe.

- Kompetenzbereich Innovieren
  - Lehrerinnen und Lehrer sind sich der besonderen Anforderungen des Lehrerberufs bewusst. Sie verstehen ihren Beruf als ein öffentliches Amt mit besonderer Verantwortung und Verpflichtung.
  - Lehrerinnen und Lehrer verstehen ihren Beruf als ständige Lernaufgabe.
  - Lehrerinnen und Lehrer beteiligen sich an der Planung und Umsetzung schulischer Projekte und Vorhaben.

Diese Kompetenzen und ihre jeweiligen Ausdifferenzierungen sollen die angehenden Lehrkräfte über ihre gesamte Ausbildung aufgebaut haben. Für die einzelnen Ausbildungsabschnitte sind diese Kompetenzziele jeweilig weiter zu spezifizieren. Im Anhang zu diesem Kapitel befindet sich eine mögliche Ausdifferenzierung für ein Master-Langzeitpraktikum.

Ziele schulpraktischer Phasen

Um Praxisphasen als Teil der Lehrkräftebildung optimal zu gestalten, benötigt es eine Verständigung über die übergreifenden Ziele solcher Studienanteile. Hierzu werden regelmäßig insbesondere die folgenden Ziele für die angehenden Lehrkräfte diskutiert (Weyland & Wittmann, 2017):

- *Erwerb von professioneller Kompetenz* – Wobei sich professionelle Kompetenz in einer prominenten Begriffsbestimmung (Baumert & Kunter, 2006) aus Wissenskomponenten und Können zusammensetzt aber auch Überzeugungen, motivationale Orientierungen und die Fähigkeit zur Selbstregulation umfasst. Professionelle Kompetenz ist dabei ein mehrdimensionales Konstrukt, welches aufgrund seiner Komplexität nur in Teilen in Praxisphasen adressiert werden kann.
- *Verzahnung bzw. Verbindung von „Theorie" und „Praxis" sowie die Förderung von „Reflexionsfähigkeit"* (Korthagen, 2017) – Wobei die Frage, was hierbei präzise unter Begriffen wie „Theorie" und „Praxis" verstanden werden kann, in der Diskussion nicht abschließend aufgeklärt ist (Neuweg, 2011; Rothland, 2020). „Theorie" kann dabei eventuell stellvertretend für akademische Wissensbestände (also z. B. Ergebnisse empirischer Studien, fachwissenschaftliche Diskurse, Modelle) und „Praxis" eventuell stellvertretend für Wissensbestände aus der praktischen (Unterrichts-)Realisierung (also z. B. persönliche Erfahrungen von Lehrkräften) gesehen werden (Makrinus, 2013). In einem aktuellen Verständnis von schulpraktischen Anteilen geht es in der Verbindung dieser Wissensbestände weder um eine „Anwendung" von „Theorie" in der „Praxis" noch um eine reine „Beforschung" der „Praxis" zum Zwecke einer „Theoriebildung", sondern vielmehr um die Ermutigung und Befähigung von Studierenden bzw. Lehrkräften im Vorbereitungsdienst, die jeweiligen Wissensbestände und ihre eigenen Überzeugungen reflexiv aufeinander zu beziehen (Korthagen, 2010). Eine methodische bzw. hochschuldidaktische Möglichkeit hierzu wird in der Idee des „Forschenden Lernens" gesehen (Fichten, 2017).
- *Kennenlernen des Arbeitsplatzes Schule und Reflexion der Berufswahl* – Studierende der Lehrkräftebildung kennen Schule aus ihrer Perspektive als Schüler*in. Insofern haben alle Studierenden bereits intensive Erfahrungen mit ihrem späteren Arbeitsort gemacht. Gleichzeitig ist die Perspektive von Schüler*innen eine Besondere, die nur bedingt mit der Perspektive einer Lehrkraft übereinstimmt. Entsprechend dienen Praktikumssituationen also auch dazu, das gesamte Berufsbild

einer Lehrkraft kennen zu lernen und dieses mit den eigenen Vorstellungen hierüber abzugleichen (Niedersächsisches Ministerium für Wissenschaft und Kultur, 2014; Niggli, 2004).

- Vor allem für den Vorbereitungsdienst, begrenzt aber auch für Praxisphasen gegen Ende des Studiums, gilt, dass diese zudem einer *Enkulturation in Schule und in das Schulsystem* dienen. Angehende Lehrkräfte erfahren durch ihre Teilhabe „wie Schule funktioniert" und können bestenfalls erstmals ihren eigenen Platz innerhalb des Systems finden (Schubarth, Speck, Seidel & Große, 2007).

Beispielhafte Ausdifferenzierung schulpraktischer Phasen im Studium

Unter Beachtung entsprechender Ziele und möglicher Lerngelegenheiten wurden an den Standorten der Lehrkräftebildung Konzepte des kumulativen Kompetenzaufbaus über die Praxisphasen etabliert. Diese unterscheiden sich in vielen Details zwischen den Bundesländern und innerhalb dieser wiederum zwischen den Standorten. Gleichzeitig scheinen sich grundlegende Tendenzen (wie z. B. ein Langzeitpraktikum während des Studiums für die Lehramtstypen der Grundschule bzw. des Sekundarbereichs I) über Ländergrenzen hinweg durchzusetzen (Gröschner et al., 2015; Weyland & Wittmann, 2017). An der Leuphana Universität Lüneburg, als typischer Standort in Niedersachsen, gibt es in der universitären Lehrkräftebildung für die Grundschule bzw. Haupt- und Realschule vier Praktikumsphasen, die im Folgenden kurz skizziert werden. Für jedes Praktikum ist ein*e Professor*in am Standort als „Modulverantwortliche*r" zuständig. An dieser Stelle können nur einzelne Grundzüge des jeweiligen Praktikums vorgestellt werden.
An anderen Standorten, in anderen Bundesländern oder für andere Schulformen (z. B. Gymnasien) werden sich andere Konzeptionen ergeben, die jedoch in ihrem Aufbau grundsätzlich vergleichbar sein können. Es können dabei vier Formen von Praktika unterschieden werden:

Hospitationspraktikum

Das erste Schulpraktikum ist ein erstes, schulpädagogisch orientiertes Hospitationspraktikum. Zentrale Ziele sind die ersten Schritte einer Eignungsabklärung bzw. Berufswahlüberprüfung für die Studierenden und die Einnahme der Perspektive als Lehrkraft anstelle einer Perspektive als Schüler*in. Hierzu verbringen die Studierenden drei Wochen in einer Schule und haben für diese Zeit insbesondere wissenschaftliche Beobachtungs- und Hospitationsaufgaben im Unterricht eines*einer betreuenden Mentor*in. In einem Portfolio reflektieren die Studierenden ihre Beobachtungen und schätzen diese vor dem Hintergrund persönlicher Erfahrungen und wissenschaftlicher Theorien zu Schule und Unterricht ein.

Schulpädagogisches Unterrichtspraktikum

Im zweiten Praktikum übernehmen die Studierenden erstmalig eigene Aufgaben im Unterricht. Zentrales Ziel ist neben dem weiteren Aufbau von Unterrichtsbeobachtungskompetenz die Entwicklung einer ersten eigenen unterrichtlichen Handlungskompetenz. Hierzu verbringen die Studierenden vier Wochen in einer Schule und sind am Unterricht in einer oder mehreren Klassen einer*eines Mentoren*in beteiligt. Sie planen gemeinsam mit Mentor*innen Unterricht und führen diesen durch. Der inhaltliche Fokus liegt auf „Klassenführung". Die Studierenden sammeln Artefakte aus dem Praktikum in einem Portfolio, in dem sie auch ihren Kompetenzerwerb reflektieren. Das Portfolio schließt inhaltlich an die Erfahrungen aus dem Hospitationspraktikum an.

Fachdidaktisches Langzeitpraktikum

Das Langzeitpraktikum ist in Niedersachsen im Masterstudium der GHR-Lehrkräftebildung angesiedelt. Es ist fachdidaktisch in den beiden studierten Unterrichtsfächern ausgerichtet. Zentrales Ziel ist der Aufbau unterrichtlicher Handlungskompetenz in den studierten Unterrichtsfächern.

Hierzu verbringen die Studierenden innerhalb eines 18-wöchigen Praxisblocks wöchentlich mindestens 15 Zeitstunden in der Schule. Während dieser Zeit werden sie durch Mentor*innen sowie Lehrende der Universität und der zweiten Ausbildungsphase begleitet.

Die Studierenden sind an der Planung, Durchführung und Nachbereitung von wöchentlich etwa zwei Unterrichtsstunden je Unterrichtsfach beteiligt. Hierbei liegt der Fokus insbesondere auf fachdidaktischen Aspekten der Unterrichtsplanung, -durchführung und Reflexion. Darüber hinaus sind die Studierenden in der Mitgestaltung schulischer Prozesse außerhalb des Unterrichts eingebunden, um so Schule in der Gesamtheit verstehen zu können.

Eine wesentliche Besonderheit des Praktikums in Niedersachsen ist die Begleitung der Studierenden durch die verschiedenen Akteursgruppen von Lehrkräftebildner*innen. So stehen ihnen schulische Mentor*innen als aktive Lehrkräfte der jeweiligen Schule bzw. Klasse, fachdidaktisch orientierte Wissenschaftler*innen der Universität sowie Lehrkräfte in der Praxisphase (LiP) als Ansprechpartner*innen zur Verfügung. Diese LiPs sind entweder selber als Fachseminarleitung aktiv oder sind in der Ausbildung im Rahmen der zweiten Phase erfahren.

Sozial- und Betriebspraktikum

Das Sozial- und Betriebspraktikum ist als außerschulisches Praktikum während des Bachelors oder in der Zeit davor zu absolvieren. Ziel ist, dass Studierende einen Einblick in die außerschulische Lebenswelt von Kindern- und Jugendlichen gewinnen. Hierzu besuchen die Studierenden entweder spezielle Veranstaltungen an der Universität oder verbringen eine längere Zeit in einer sozialen Einrichtung oder einem Betrieb.

Material: Tabelle zu Aspekten der Praxisphasen: In der Tabelle werden Kernaspekte der Beispiele für Praxisphasen der Lehrkräftebildung zusammengeführt. ◁

Tabelle 1: Kernaspekte der Praxisphasen

Ausbildungsphase	Praktikumstyp	Dauer	Ziele	Begleitung durch Universität/Studienseminar	Begleitung durch Schule
3 Jahre Bachelorstudium –			Aufbau fachwissenschaftlichen Wissens in den studierten Unterrichtsfächern sowie Bildungswissenschaften + Eignungsabklärung für den Beruf als Lehrkraft		
2. Semester B.A.	Hospitationspraktikum	3 Wochen	• Beobachtungskompetenz aufbauen • Rolle und Aufgaben der Lehrkraft reflektieren	Vorbereitungsveranstaltung, Online-Portfolio	Mentor*in zur Bereitstellung von Unterricht
4. Semester B.A.	Schulpädagogisches Unterrichtspraktikum	4 Wochen	• Sammlung erster Unterrichtserfahrung • Reflexion von Situationen im Unterricht	Vorbereitung und Begleitung sowie Unterrichtsbesuche, Online-Portfolio	Unterrichtsbesprechungen Hilfestellung bei Eignungsabklärung
Im Laufe des B.A.	Außerschulisches Sozial- und Betriebspraktikum	4 Wochen	• Sammlung von Erfahrung außerhalb von Schule, in pädagogischen oder betrieblichen Feldern	Informationsmaterial, spezifische Begleitveranstaltungen	keine
2 Jahre Masterstudium –			Aufbau fachwissenschaftlichen und fachdidaktischen Wissens in den studierten Unterrichtsfächern sowie Bildungswissenschaften + Aufbau unterrichtlicher Handlungskompetenz		
2. Semester M.Ed.	Fachdidaktisches Langzeitpraktikum	18 Wochen	• Aufbau unterrichtlicher Handlungskompetenz in den studierten Unterrichtsfächern	Vorbereitung, Begleitung und Nachbereitung, Unterrichtsbesuche	Unterrichtsbesprechungen Einbindung in Prozesse
1,5 Jahre Vorbereitungsdienst –			Weiterentwicklung unterrichtlicher Handlungskompetenz		
		1,5 Jahre	• Aufbau unterrichtlicher Handlungskompetenz • Anbahnung von ersten Unterrichtsroutinen	Begleitende fachdidaktische und pädagogische Seminarveranstaltungen, Unterrichtsbesuche	Mentor*in zur Einbindung in Unterricht, Vor- und Nachbesprechungen

Forschendes Lernen im Kontext schulpraktischer Phasen während des Studiums

Neben der auch hier angelegten Fokussierung auf schulpraktische Tätigkeiten und im weitesten Sinne auf die Durchführung von Unterricht und den damit verbundenen Aspekten ausgerichtetem Praktikum, gewinnt der hochschuldidaktische Ansatz des Forschenden Lernens zunehmend an Bedeutung in der Lehrkräftebildung. Im Kontext der dargestellten Etablierung von Langzeitpraktika in einer Vielzahl von Bundesländern wird häufig die Durchführung eigener, kleiner „Forschungsprojekte" in Parallelität zum Praktikum gefordert.

„Forschendes Lernen" ist dabei ein unscharfes und vielfältig ausgedeutetes Konzept. Gemeinsam haben jedoch die meisten Ansätze, dass die Lernenden (Studierenden) möglichst viele Schritte eines Forschungsprozesses selbstständig an einer für sie relevanten Fragestellung durchlaufen (Fichten, 2017; Klewin & Koch, 2017). Der gesamte Prozess soll dabei möglichst „authentisch" sein, so dass sowohl die Fragestellungen als auch die gewählten Methoden und Feldzugänge nicht künstlich für die Studierenden „erschaffen" werden, sondern bestenfalls reale Fragen ernsthaft bearbeitet werden. Ein zentrales Ziel des Forschenden Lernens ist dabei die Förderung der Reflexion bei angehenden Lehrkräften, verstanden insbesondere als die Fähigkeit zur Verbindung wissenschaftlich geleiteten Handelns mit der Schulpraxis und dem eigenen Denken. Durch die Entlastung vom eigenen Handlungsdruck in einer unterrichtlichen Situation sollen Studierende die Möglichkeit erhalten, Themen vertieft und mit klarem Theoriebezug zu durchdringen.

Die Begleitung von solchen „Forschungsprojekten" der angehenden Lehrkräfte obliegt in der Regel Lehrenden der Universität. Gleichwohl können Mentor*innen solche Prozesse unterstützen und für die Entwicklung der eigenen Schule nutzen.
Für die einzelnen Phasen des Forschungsprozesses können Mentor*innen insbesondere durch die gemeinsame Bearbeitung folgender Fragestellungen den Studierenden helfen:

- Entwicklungsphase von Fragestellungen
  - Gibt es Themen an der Schule, die vertieft beleuchtet werden sollten? – Zum Beispiel aus Schulentwicklungsprozessen
  - Gibt es Vorarbeiten an der Schule zu bestimmten Themen, an die Studierende sinnvoll anknüpfen können?

- Informationssammlung/Datenerhebung
  - Kann ein Kontakt zu Eltern oder anderen Kolleg*innen unterstützt werden?
  - Gibt es inhaltlich passende Daten aus der Vergangenheit, auf die Studierende zugreifen können?

- Auswertung/Präsentation
  - Gibt es Präsentationsformate für die Ergebnisdarstellung? – Zum Beispiel Fachkonferenzen, Schulkonferenzen, mögliche Diskussionsrunden, Plakatwände oder gemeinsame digitale Ablageorte?
  - Können aus den Ergebnissen von Studierenden konkrete Veränderungen angestoßen werden?

Auch wenn das Konzept des Forschenden Lernens zunehmend an Bedeutung gewinnt und an einer Vielzahl von Standorten gefördert wird, so ist doch insbesondere die Parallelität aus Praktikum und Forschendem Lernen nicht unumstritten. Studierenden in schulpraktischen Phasen fehlt nicht selten die notwendige Distanz für einen Forschungsprozess (Rothland & Boecker, 2014) bzw. Studierende erkennen nicht immer einen Zusammenhang zu ihrem Praktikum (Beckmann & Ehmke, 2020).
Im Reflexions- und Aufgabenteil zu diesem Kapitel finden Sie die Phasen des Forschungsprozesses noch einmal in grafischer Darstellung. Diese sind dort verbunden mit Möglichkeiten, wie Schulen und Mentor*innen sich in diesen Prozess einbringen können.

Kriterien guter Lerngelegenheiten im Kontext schulpraktischer Phasen

Nachdem Ziele und Struktur der Lehrkräftebildung und typische Konzeptionen von Praxisphasen vorgestellt wurden, geht es im Folgenden um die konkrete Ausgestaltung einzelner sogenannter „Lerngelegenheiten" in der Schulpraxis. Während schulischer Praxisphasen können angehende Lehrkräfte einer Reihe von Tätigkeiten nachgehen (König, Tachtsoglou, Darge & Lünnemann, 2014) und diese als Lerngelegenheiten für sich nutzen.
Wie bereits erwähnt, zeigt sich in Studien immer wieder, dass ein alleiniges „möglichst viel Praxis" und „möglichst viel alleine planen und realisieren" keine optimale Lernsituation für angehende Lehrkräfte darstellt, vielmehr geht es um die bewusste Gestaltung spezifischer Gelegenheiten.

> Unter einer „**Lerngelegenheit**" sollen in diesem Buch Situationen verstanden werden, die insbesondere von Studierenden in Praxisphasen bzw. Lehrkräften im Vorbereitungsdienst dazu genutzt werden können, etwas zu lernen. Lernen wird dabei als ein aktiver Prozess auf der Seite der*des Lernenden verstanden, welcher zwar durch das bewusste Arrangement einer „Gelegenheit" ermöglicht, jedoch nicht von außen komplett gesteuert werden kann.

Zu solchen Momenten, die von angehenden Lehrkräften als Lerngelegenheit genutzt werden können, gehören insbesondere:

- Die Beobachtung unterrichtlicher oder außerunterrichtlicher Prozesse.
- Die Beobachtung einzelner Schülerinnen und Schüler innerhalb und außerhalb des Unterrichts.

- Vor- und Nachbesprechungen zum Unterricht, den sie bei Mentor*innen beobachtet haben bzw. zu dem Unterricht, den die angehenden Lehrkräfte selber durchführen.
- Die Planung, Durchführung und Nachbereitung des eigenen Unterrichts bzw. einzelner Facetten von Unterricht.
- Die Reflexion des eigenen Entwicklungsstandes.
- Die systematische Analyse schulischer Prozesse und die Mitgestaltung von Schulentwicklungsprozessen durch Projekte des Forschenden Lernens.
- Die Teilhabe an bzw. die Mitgestaltung von außerunterrichtlichen Aktivitäten, wie zum Beispiel Elternarbeit, Schulfeste, Klassenfahrten.

Studien und empirische Forschung haben gezeigt, dass folgende Merkmale bei der Ausgestaltung solcher Gelegenheiten zu einer gelingenden Lernerfahrung in der Schulpraxis beitragen können:

- Einbeziehung von persönlichen Überzeugungen, wissenschaftlichen und praktischen Erfahrungen in die Ausbildung (Korthagen, 2010) – beispielsweise in gemeinsamen Gesprächen über den Unterricht.
- Anregung zur Reflexion und zur vertieften Begründung von Beobachtungen (Fraefel, 2017; Korthagen & Vasalos, 2006; Schön, 1987) – beispielsweise durch intensive Nachfragen in Rahmen von Unterrichtsbesprechungen.
- Vermeidung von reinen Performanz- und „Vorführsituationen“ für die angehenden Lehrkräfte (Fraefel, 2011).
- Vermeidung von häufigen Überforderungssituationen („Praxisschock“) für angehende Lehrkräfte (Müller-Fohrbrodt, Cloetta & Dann, 1978) – beispielsweise durch sehr viel und herausfordernden Unterricht.
- Einbeziehung von angehenden Lehrkräften in Planungsprozesse zum Umgang mit authentischen Herausforderungen der Schule (Kreis, 2012) – beispielsweise in Dienstbesprechungen, Fachgruppentreffen und Beratungen zu einzelnen Fällen.
- Emotionale und fachliche Unterstützung durch Lehrkräftebildner*innen (Gröschner & Seidel, 2012) durch eine enge Bindung an eine*n Mentor*in.
- Orientierung an Kriterien guten Feedbacks bei Rückmeldungen zum Verhalten von angehenden Lehrkräften (Narciss, 2013)
- Möglichkeiten zur gegenseitigen Unterstützung durch Peers (Greiten & Trumpa, 2017; Schnebel & Kreis, 2014).
- Passung der Lerngelegenheit zum aktuellen Entwicklungsstand der angehenden Lehrkraft, auch entsprechend der jeweiligen Ausbildungsphase in der sich die angehende Lehrkraft befindet (Schubarth, 2010), beispielsweise eher in einer beobachtenden Rolle im Bachelorstudium und einer lehrenden Rolle im Vorbereitungsdienst.

Zur eigenen Reflexion darüber, was Ihnen in Praxisphasen am meisten geholfen hat, bietet der Reflexionsteil dieses Kapitels Anregungen. ◁

Reflexions- und Aufgabenteil

Reflexionsanregungen für Mentor*innen

- Denken Sie daran zurück, welches für Sie rückblickend die Situationen in Ihren Praktika waren, in denen Sie besonders viel gelernt haben. Was hat diese Situationen besonders ausgezeichnet?

Situationsbeschreibung	Besondere Merkmale der Situation
In einer Unterrichtsstunde hat eine Schülerin eine von mir gestellte Aufgabe nicht verstanden, obwohl ich es für alle gleichermaßen erklärt habe.	*Die Situation war für mich überraschend, da ich meine Erklärung extra vorher aufgeschrieben hatte. Es zeigte mir noch klarer die Unterschiedlichkeiten zwischen Schülerinnen und Schülern und die Notwendigkeit im Unterricht darauf Rücksicht zu nehmen.*

- Denken Sie zurück, was Sie in Praktikumssituationen besonders stark belastet hat. Rufen Sie sich eine Situation zurück ins Gedächtnis. Was hat diese Situation besonders ausgemacht? Welche Ideen haben Sie heute, um diese Situation anders zu gestalten, so dass sie zu bewältigen wird?

Situationsbeschreibung	**Besondere Merkmale der Situation**	**Ideen zur Veränderung der Situation**
Besonders stark belastet hat mich, dass ich vor einer Stunde nie so richtig wusste, was passieren wird. Das war einfach nicht planbar.	*Ich habe ein hohes Bedürfnis nach Sicherheit und entsprechend ist die Unplanbarkeit von Unterricht für mich schwer zu ertragen. Diese Unplanbarkeit ist zudem nicht durch mich auflösbar, da ich vorher nie weiß, wie sich die Schülerinnen und Schüler verhalten werden.*	*Die Situation könnte insofern verändert werden, dass die Studierenden zu Beginn nicht alleine Unterricht planen und durchführen, sondern gemeinsam mit einer erfahrenen Lehrkraft.*

Anhang zum Kapitel
Ausdifferenzierung der KMK-Standards für Praxisphasen

Für jeden Abschnitt der Ausbildung lässt sich individuell ausdifferenzieren, auf welcher Stufe die jeweilige Kompetenz im Sinne der oben beschriebenen KMK-Kompetenzbereiche ausgeprägt sein sollte. Eine solche Ausdifferenzierung ist dabei immer auch ein Prozess vor Ort und unterliegt ständigen Anpassungen und fachspezifischen Besonderheiten. Zur Orientierung folgt beispielhaft ein möglicher, ambitionierter Ausdifferenzierungsvorschlag der (ergänzten) KMK-Kompetenzbereiche für das Master-Langzeitpraktikum in Niedersachsen.

Kompetenzbereich Unterrichten

Die Studierenden …

- … können Fachunterricht anhand allgemeiner und fachbezogener Didaktiken planen.
- … kennen verschiedene Unterrichtsmethoden, Aufgabenformate bzw. Aufgabenformen und können den Einsatz anforderungs- und situationsgerecht begründen. Hierbei nutzen Sie fachübergreifende und fachspezifische Erkenntnisse über den Erwerb von Wissen und Fähigkeiten.
- … können bei der Planung von Unterricht digitale und analoge Medien angemessen berücksichtigen und in Teilen selbst erstellen.
- … können bei der Unterrichtsplanung, die Heterogenität und den Leistungsstand der Lerngruppe berücksichtigen.
- … können Fachunterricht gemeinsam mit Mentor*innen anhand einer Unterrichtsplanung gestalten. In Teilen können Sie Unterricht selbstgestaltet durchführen, z. B. in der Begleitung von Lerngruppen oder einzelnen Schüler*innen.
- … können die Unterrichtsdurchführung anhand wissenschaftlicher Kriterien und personaler Faktoren reflektieren.

Kompetenzbereich Erziehen

Die Studierenden …

- … erkennen Benachteiligungen, Beeinträchtigungen sowie Barrieren von bzw. für Schüler*innen. Dabei beachten Sie auch die soziale und kulturelle Diversität der Lerngruppe.
- … können mögliche Unterstützungsmaßnahmen und Präventionsmaßnahmen beschreiben und einordnen. Sie beachten hierbei die Möglichkeiten der Kooperation mit anderen Professionen und Einrichtungen.
- … unterstützen Schüler*innen im Rahmen von unterrichtlichen Prozessen individuell.
- … reflektieren Werte und Werthaltungen und handeln entsprechend.
- … analysieren soziale Beziehungen und soziale Lernprozesse in Unterricht und Schule anhand wissenschaftlicher Kenntnisse in konkreten Situationen.
- … reflektieren vorhandene Regeln im Umgang miteinander und wirken auf einen wertschätzenden Umgang hin.
- … analysieren und reflektieren Strategien und Handlungsformen der Konfliktprävention und -lösung.

Kompetenzbereich Beurteilen (Beraten, Unterstützen, Diagnostizieren, Fördern)

Die Studierenden …

- … erkennen Entwicklungsstände, Lernpotenziale, Lernhindernisse und Lernfortschritte von ausgewählten Schüler*innen.
- … beachten bei der Planung von Unterricht Lernmöglichkeiten und Lernanforderungen.
- … erkennen individuelle Lernausgangslagen sowie Begabungen und können mögliche Fördermöglichkeiten entwickeln.
- … kennen bei der Diagnostik, Förderung und Beratung Möglichkeiten der Kooperation mit inner- und außerschulischen Kolleginnen und Kollegen sowie mit anderen Professionen und Einrichtungen.
- … konzipieren Aufgabenstellungen kriteriengeleitet und formulieren sie adressatengerecht.
- … wenden Bewertungsmodelle und Bewertungsmaßstäbe fach- und situationsgerecht an und begründen Bewertungen und Beurteilungen adressatengerecht.
- … kennen Möglichkeiten technologiebasierter Aufgaben- und Prüfungsformate.
- … reflektieren die eigene Unterrichtstätigkeit auch vor dem Hintergrund von Leistungsentwicklungen der Schüler*innen.

Kompetenzbereich Innovieren (Gestaltung der Schule)

Die Studierenden …

- … lernen, mit Herausforderungen, Veränderungen und Belastungen umzugehen.
- … nutzen digitale Möglichkeiten zur Unterstützung und Organisation.
- … kennen Möglichkeiten der Kooperation und kollegialen Beratung bzw. Unterstützung zur Unterrichtsentwicklung und Arbeitsentlastung.
- … dokumentieren für sich und andere die eigene Arbeit und ihre Ergebnisse.
- … können einen Zusammenhang zwischen Erkenntnissen der Bildungs- und Schulforschung und der eigenen Tätigkeit herstellen.
- … wissen über die Notwendigkeit einer kontinuierlichen Schulentwicklung.

Kompetenzbereich Personale Kompetenz

Die Studierenden …

- … machen sich ihre Berufswahl bewusst und kennen ihre Entwicklung in Bezug auf ihre professionelle Kompetenz.
- … entwickeln ein professionelles Konzept ihrer zukünftigen Rolle als Lehrkraft.
- … übernehmen Verantwortung für ihre persönliche Entwicklung und bereiten sich auf die Übernahme von eigenverantwortlicher Tätigkeit in der Schule vor.

Kompetenzbereich Wissenschaftliches Arbeiten

Die Studierenden …

- … beziehen in Entscheidungen zur Unterrichtsplanung, -durchführung und -reflexion wissenschaftliche Erkenntnisse situationsbezogen ein.
- … können wissenschafts- und forschungsgeleitete Methoden auf die Situation in Schule adaptieren und dort zum Einsatz bringen (z. B. Aktionsforschung; Nutzung von Daten aus Vergleichsstudien).
- … kennen die Grenzen von Forschung und Wissenschaft und können Ergebnisse entsprechend bewerten und gegenüber schulinternen und -externen Personen vertreten.

Abbildung 2: Phasen eines Forschungsprozesses

Möglichkeiten des Einbezugs der Schule in den Forschungsprozess

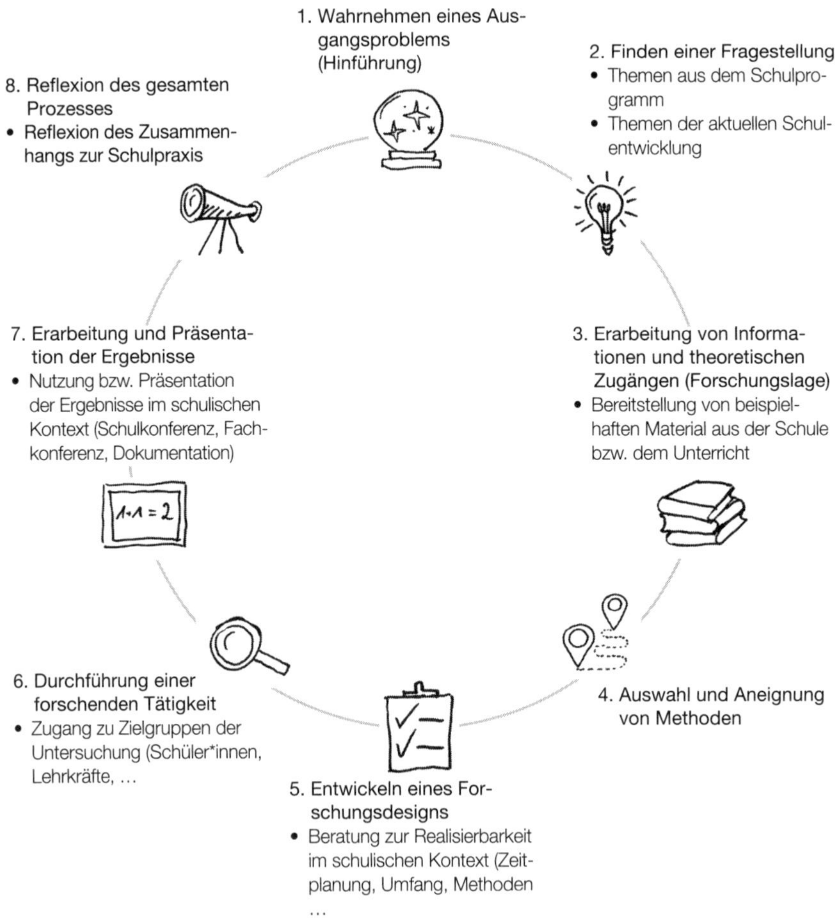

Eigene ergänzende Darstellung nach: Huber (2018)

Literaturempfehlungen

KMK. (2004, 16. Dezember). *Standards für die Lehrerbildung: Bildungswissenschaften. Beschluss der Kultusministerkonferenz vom 16.12.2004.* Sekretariat der Ständigen Konferenz der Kultusminister der Länder der Bundesrepublik Deutschland. http://www.kmk.org/fileadmin/Dateien/veroeffentlichungen_beschluesse/2004/2004_12_16-Standards-Lehrerbildung.pdf

KMK. (2005, 2. Juni). *Eckpunkte für die gegenseitige Anerkennung von Bachelor- und Masterabschlüssen in Studiengängen, mit denen die Bildungsvoraussetzungen für ein Lehramt vermittelt werden.* Beschluss der Kultusministerkonferenz vom 02.06.2005. Sekretariat der Ständigen Konferenz der Kultusminister der Länder der Bundesrepublik Deutschland. http://www.kmk.org/fileadmin/Dateien/veroeffentlichungen_beschluesse/2005/2005_06_02-Bachelor-Master-Lehramt.pdf

KMK. (2017, 7. März). *Sachstand in der Lehrerbildung. Sekretariat der Ständigen Konferenz der Kultusminister der Länder der Bundesrepublik Deutschland.* https://www.kmk.org/fileadmin/Dateien/pdf/Bildung/AllgBildung/2017-03-07__Sachstand_LB_o_EW.pdf

Gröschner, A., Müller, K., Bauer, J., Seidel, T., Prenzel, M., Kauper, T. et al. (2015). Praxisphasen in der Lehrerausbildung – Eine Strukturanalyse am Beispiel des gymnasialen Lehramtsstudiums in Deutschland. *Zeitschrift für Erziehungswissenschaft*, 18(4), 639–665.

Terhart, E. (Hrsg.). (2000). *Perspektiven der Lehrerbildung in Deutschland. Abschlussbericht der von der Kultusministerkonferenz eingesetzten Kommission.* Weinheim: Beltz.

Weyland, U. & Wittmann, E. (2015). *Langzeitpraktika in der Lehrerausbildung in Deutschland. Stand und Perspektiven. Journal für LehrerInnenbildung*, 15(1), 8–21.

Košinár, J., Gröschner, A. & Weyland, U. (Hrsg.). (2019). *Langzeitpraktika als Lernräume. Historische Bezüge, Konzeptionen und Forschungsbefunde.* Münster: Waxmann.

3. Zusammenarbeit gestalten

Dieses Kapitel …
- … beschreibt die Rollen von Mentor*innen, Lehrkräftebildner*innen an Universitäten und Studienseminaren sowie von Studierenden in Praxissituationen.
- … hilft Ihnen, Formen der Zusammenarbeit zwischen Mentor*innen und Studierenden zu reflektieren.
- … beinhaltet Aufgaben für angehende Lehrkräfte und Anregungen für Mentor*innen, die Ihnen helfen, Ihre eigene Rolle zu finden und gleichzeitig ihre Zusammenarbeit zu gestalten. Es enthält Ideen, wie Sie von der Zusammenarbeit mit Studierenden profitieren können.
- … gibt Hinweise, wie ein Erstgespräch zwischen Ihnen und Studierenden geführt werden kann.

Stellen Sie sich als Lehrkraft vor:
Die Studentin Anna hat inzwischen die ersten Tage ihres Praktikums absolviert, und es beginnt eine erste Zusammenarbeit zwischen der Studentin und Ihnen. Nach einer kurzen Einarbeitungszeit führt die Studentin erstmalig erste Bestandteile des Unterrichts durch. Sie merken schnell, dass die Studentin im Vorfeld nicht gut geplant hat und daher der Unterricht nicht so funktioniert, wie erhofft. Sie fragen sich, wie Sie jetzt reagieren sollen. Soll die Studentin ihre Negativerfahrungen machen? Sollen Sie die Studentin noch mehr fordern oder mehr kontrollieren? Soll die nicht so gute Leistung eventuell sogar an die Universität gemeldet werden? Müssten Sie die Schülerinnen und Schüler vor weniger gutem Unterricht „schützen"? – Sie fühlen sich unsicher in Ihrer Rolle und wissen nicht genau um Ihre Aufgaben. Es stellen sich Ihnen vielleicht viele Fragen bezüglich Ihrer Rolle: Sind Sie
- „Coach der Studierenden",
- „Wächterin guten Unterrichts",
- „Verantwortlich gegenüber der Profession",
- „emotionale Unterstützerin" oder
- „Kollegin" der Studentin? ◁

Zur Rolle von Mentor*innen im Praktikum

Die Rolle von Lehrkräftebildner*innen unterliegt einem Wandel und erlangt in den letzten Jahren sowohl eine höhere Aufmerksamkeit als auch eine steigende Wertschätzung (European Commission, 2013).

> Unter **Lehrkräftebildner*innen** verstehen wir alle Personen, die in einem institutionalisierten Kontext mindestens einen Teil ihrer Arbeitszeit mit der Aus- oder Fortbildung von Lehrkräften verbringen. Dies können Personen an Hochschulen, Ausbildungseinrichtungen für den Vorbereitungsdienst bzw. das Referendariat, Schulen oder ähnliches sein. Für einen Teil dieser Personen stellt die Lehrkräftebildung den größten oder einen wesentlichen Aspekt ihrer Arbeit dar (z. B. Fachseminarleitungen am Studienseminar). Andere Gruppen sind eventuell nur zeitweise und mit geringem zeitlichen Anteil als Lehrkräftebildner*in aktiv (z. B. Mentor*in).

Die Europäische Kommission (2013) definiert alle Personen, die aktiv das (formale) Lernen von Studierenden der Lehrkräftebildung oder aktiven Lehrkräften gestalten, als Lehrkräftebildner*innen. Die Kommission betont zudem einerseits die Wichtigkeit von professionellen Lehrkräftebildner*innen und andererseits die zentrale Rolle, die diese im Professionalisierungsprozess der Studierenden einnehmen. Sie benennt gleichzeitig den Umstand, dass Lehrkräftebildner*innen eine sehr heterogene Profession sind. Ihre Mitglieder sind in unterschiedlichsten Institutionen aktiv und haben gleichzeitig oft mehrere „Identitäten". Sie haben also mehrere Aufgabenfelder, in denen sie gleichzeitig aktiv sind.
So identifizieren sich viele Lehrkräftebildner*innen persönlich eher als Lehrkraft, Hochschullehrende, Forschende oder Lehrkraft für Lehrkräfte (Swennen & Snoek, 2012). Auch Mentor*innen an Schulen sehen sich meist eher als Lehrkraft für Schüler*innen und weniger als „Lehrkräftebildner*in". Hiermit geht einher, dass Lehrkräftebildner*innen ein unterschiedliches Maß an „Commitment", also Verbundenheit gegenüber der Tätigkeit als Lehrkräftebildner*in, einbringen.
Während Lehrende der Universität und der Studienseminare teilweise einen wesentlichen Teil ihrer Arbeitszeit für die Ausbildung zukünftiger Lehrkräfte aufbringen, sind Mentor*innen in Schulen in ihrer Haupttätigkeit Lehrkraft und nur mit einem relativ geringen Stundenanteil als Lehrkräftebildner*in aktiv.

Nach Dengenrink, Lunenberg & Korthagen (2015) lassen sich folgende sechs verschiedene Rollen von Lehrkräftebildner*innen unterscheiden:

- *Lehrkraft von Lehrkräften* – Diese Personen verstehen sich aktiv als Lehrkräftebildner*innen, die auf einer „zweiten Ebene" lehren und so aktiv Lerngelegenheiten modellieren, die geeignet sind, um Kompetenzen als Lehrkraft zu erlangen.
- *Forscher*in* – Da weltweit das Interesse an einer forschungsbasierten Lehrkräftebildung wächst, steigt auch die Beachtung von Forschung und Forschenden zur Lehrkräftebildung. Personen dieser Rolle legen ihren Fokus auf die Untersuchung von Lehrkräftebildung, sind jedoch im Sinne der Einheit von Forschung und Lehre auch selbst als Lehrkräftebildner*innen aktiv.
- *Coach* – Insbesondere schulische Lehrkräftebildner*innen übernehmen zunehmend eine Rolle als Coach, welche von den zukünftigen Lehrkräften als besonders beeinflussend und unterstützend wahrgenommen wird. Eine individuelle Unterstützung der Studierenden in ihren Lernprozessen wird somit an Schulen verortet.
- *Curriculum-Entwickler*in* – Die Weiterentwicklung des Curriculums, also z. B. Ausbildungsverordnungen, Prüfungsordnungen und Modulkonzepte auf einer abstrakten Ebene, welche sich nur mittelbar in der Lehre wiederspiegeln, stellt eine weitere Rolle von Lehrkräftebildner*innen dar. Personen mit dieser Aufgabe sind eher in leitender Position tätig und weniger als aktive Begleiter*innen einzelner Studierender aktiv.
- *Gatekeeper/Wächter*in* – In der Rolle als Wächter sind Lehrkräftebildner*innen vor allem dafür zuständig, den Zugang zur Profession der Lehrkräfte zu kontrollieren. Sie fühlen sich für die Überwachung der Standards in der Lehrkräftebildung zuständig.
- *Vermittler*in* – Vermittler*innen nehmen vor allem die geteilte Verantwortung zwischen Schulen und Universitäten in der Ausbildung von Lehrkräften auf und vermitteln in ihrer Rolle zwischen diesen beiden Lernorten.

Schulische Mentor*innen bzw. Lehrkräfte mit Aufgaben in der Ausbildung nehmen oft mehrere Rollen gleichzeitig bzw. nacheinander in unterschiedlichen Ausprägungen ein. So kann beispielsweise eine Fachseminarleitung sich während einer Ausbildungsphase eher als „Lehrkraft von Lehrkräften" verstehen, während sie im Kontext der Prüfung zum Staatsexamen als „Gatekeeper*in" auftritt. Mentor*innen verstehen sich eventuell gegenüber Studierenden eher als „Coach", während Sie sich gegenüber Lehrenden der Universität als „Vermittler*in" ansehen. So entwickelt jede an der Lehrkräftebildung beteiligte Person ein eigenes Set an Rollen.

Überzeugungen von Mentorinnen und Mentoren – Konstruktivistische und transmissive Orientierungen

Bezogen auf die Tätigkeit als Mentor*in hängt mit der eingenommenen Rolle auch das eigene Verständnis vom Mentoring zusammen.
Hier lassen sich in der Forschung aus einer höheren Perspektive zwei grundsätzliche Herangehensweisen unterscheiden, die mit der eigenen Rolle als Mentor*in zusammenhängen: Einerseits ein eher konstruktivistisch-orientiertes Mentoring und andererseits ein eher transmissions-orientiertes Mentoring (Richter et al., 2013).
Im transmissions-orientierten Mentoring wird davon ausgegangen, dass Wissen bei der*dem Mentor*in kumuliert ist und dann in einem relativ gerichteten Prozess an die*den Studierenden weitergegeben wird. Es besteht ein asymmetrisches Verhältnis, in dem Studierende Empfänger*innen von Wissen sind. Der Kerngedanke eines Mentorings ist hier, dass das Lernen des Studierenden eher konkret und kleinschrittig angeleitet wird.

Im konstruktivistisch-orientierten Mentoring wird das asymmetrische Verhältnis zwischen Mentor*innen und Studierenden nicht negiert, allerdings wird mehr Wert daraufgelegt, dass – im Sinne der konstruktivistischen Lerntheorie – Lernende ihr eigenes Wissen durch die Vernetzung mit vorhandenen Wissen selber konstruieren. Lernen wird somit zu einem sozialen Prozess, der in einer „Community" bzw. „Gemeinschaft" stattfindet. Lernen wird in diesem Modell dann gefördert, wenn Anfänger*innen authentische Aufgaben gemeinsam mit Expert*innen lösen. Insofern bedarf es in diesem Modell der bewussten Schaffung von authentischen Situationen, in denen Studierende einen sinnvollen Beitrag leisten können.

Im Reflexions- und Aufgabenteil zu diesem Kapitel können Sie Ihre Überzeugungen in Bezug auf konstruktivistische bzw. transmissive Orientierungen einschätzen. ◁

Für beide Herangehensweisen an das Mentoring gibt es grundsätzlich lerntheoretische Begründungen, gleichwohl kann angenommen werden, dass konstruktivistisch-orientiertes Mentoring insgesamt eventuell besser geeignet ist, um das Lernen von Noviz*innen zu unterstützen (Richter et al., 2013).

Neben der Art der Unterstützung, welche durch Mentor*innen in der Schule stattfindet, ist die Kohärenz und Passung zwischen den verschiedenen beteiligten Institutionen von besonderer Relevanz. Studierende der Lehrkräftebildung erleben Brüche zwischen den beteiligten Institutionen und Phasen. Dies ist unter den Voraussetzungen unterschiedlicher Aufgaben und Wissensdomänen der beteiligten Institutionen nicht grundsätzlich vermeidbar. Gleichwohl erschwert dies einen kumulativen Kompetenzaufbau der Studierenden (Degeling et al., 2019).

Zusammenarbeit zwischen Institutionen in der Lehrkräftebildung

Der Beruf der Lehrkraft ist teilweise noch immer eine stark individualisierte Tätigkeit. Unterricht wird meistens von einer Person gestaltet und Kooperation beschränkt sich – je nach schulischer Situation – teilweise auf den Austausch von Unterrichtsmaterial (Richter & Pant, 2016). Entwicklungen wie Inklusion – und die dadurch zunehmende Präsenz von Sonderpädagog*innen und Schulbegleitungen im Regelschulunterricht – aber auch die Entwicklung der Ganztagsschule machen jedoch verstärkte Kooperationen im Alltag notwendig (Hellmich, 2017), wie sie vielerorts bereits gelebt werden.

Ebenso ist die Lehrkräftebildung in vielen Teilen noch immer segmentiert und eine phasen- und institutionenübergreifende Zusammenarbeit findet nur teilweise statt. In der Lehrkräftebildung gibt es im Kern dabei folgende Argumente für eine weitere Stärkung der Zusammenarbeit zwischen Schulen, Universitäten und Studienseminaren sowie in der Gestaltung der Zusammenarbeit zwischen Mentor*innen und angehenden Lehrkräften:

- Die Studierenden erleben teilweise eine nicht kohärente Ausbildung. Unreflektierte Brüche zwischen den Institutionen verhindern einen kumulativen Kompetenzaufbau (Hellmann, 2019).
- Die Studierenden lernen besser, wenn sie in einer realen, nicht künstlichen und rein für Ausbildungszwecke geschaffenen Situation sind, hierbei aber nicht überfordert werden (z. B. Fraefel, 2018). Die Situation sollte dabei weniger einen „Vorführcharakter“ haben, sondern sich an den tatsächlichen Herausforderungen in der Schule orientieren.
- Schulen sind ein „ernsthafterer“ Partner für lehrkräftebildende Institutionen, wenn diese nicht nur Studierende als Praktikant*innen aufnehmen, sondern, wenn die Lehrkräfte mit den Universitäten auch über die rein organisatorische Versorgung mit Praktikumsplätzen hinaus in Kooperation stehen (z. B. Fraefel, 2018, Straub & Dollereder, 2019).

In folgender Abbildung 2 sind die zentralen Akteure einer schulpraktischen Phase während des Studiums dargestellt. Es wird deutlich, dass die Studierenden bzw. Lernenden, die Mentor*innen, die Lehrenden der Universität und die Fachseminarleitungen jeweils einen eigenen, aus ihrer jeweiligen Professionalität geprägten, Blick auf die Situation haben. Für eine kohärente Lehrkräftebildung ist es hilfreich, wenn sie ein gemeinsames Verständnis von professioneller Entwicklung der bzw. des Studierenden mitbringen.

Abbildung 3: Akteure in Praxisphasen

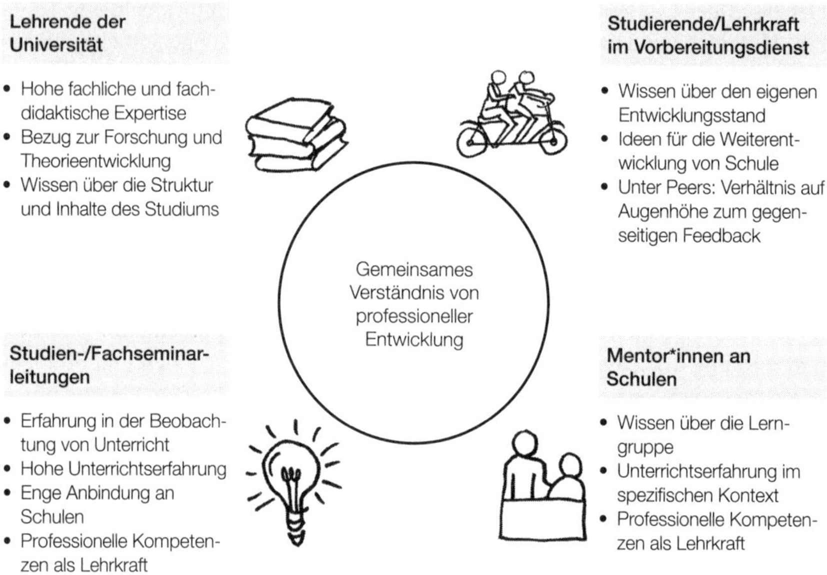

Für die Ausgestaltung der Beziehung zwischen Studierenden bzw. Lehrkräften im Vorbereitungsdienst und Mentor*in heißt dies: Erfahrene Lehrkräfte übernehmen gemeinsam mit Studierenden Planungs-, Unterrichtsvor- und Nachbereitungsaufgaben. Dabei steht kein Prüfungsverhältnis im Vordergrund, sondern ein partnerschaftliches Verhältnis, das am Lernen der Schüler*innen orientiert ist. Es werden die jeweiligen Kompetenzen der Akteure anerkannt und Entscheidungen werden voreinander begründet.
Innerhalb der Konstellation aus „Student*in", „Mentor*in" und „professioneller Lehrkräftebildner*in" nimmt jede Person eine bestimmte Rolle ein. Es lohnt sich, sich dieser bewusst zu werden.

Im Reflexions- und Aufgabenteil dieses Kapitels finden Sie Reflexionsanregungen, die Ihnen dabei helfen sollen, sich über ihr eigenes Verständnis als Mentor*in Gedanken zu machen. Auch finden Sie Hinweise, wie Sie eine Anfangssituation im Praktikum gestalten können sowie Ideen für Aufgaben an Studierende, die sich für den Beginn eines Praktikums eignen. ◁

Reflexions- und Aufgabenteil

Reflexionsanregungen für Mentor*innen

- Beantworten Sie für sich selber folgende Fragen:

Frage	Meine Antwort	Sollte ich daran etwas ändern? Wenn ja: Wie könnte ich dabei vorgehen?
Wie verstehe ich meine Rolle im Kontext der Ausbildung von Lehrkräften?		
Was sind meine Erwartungen an zukünftige Lehrkräfte, die ich betreue?		
Was sind die Erwartungen der zukünftigen Lehrkraft an mich?		
Wie passt mein Verständnis meiner Aufgabe mit dem Verständnis der Universität bzw. des Studienseminars zusammen?		
Wie viel Zeit kann ich realistisch für die Tätigkeit als Mentor*in aufbringen? Wann kann ich diese Zeit am besten aufbringen?		

Frage	Meine Antwort	Sollte ich daran etwas ändern? Wenn ja: Wie könnte ich dabei vorgehen?
Sehe ich mich in der Pflicht, nur wirklich gute angehende Lehrkräfte bestehen zu lassen?		
Habe ich für mich die Aufgabe, bewusst Lerngelegenheiten für angehende Lehrkräfte zu schaffen, oder ist es eher mein Ziel, den zukünftigen Lehrkräften „nur" meine Klasse zur Verfügung zu stellen?		
Kenne ich die Ausbildungsanforderungen der Universität bzw. des Studienseminars ausreichend?		
Sollte ich mich in die Entwicklung eines schulischen Betreuungskonzeptes für angehende Lehrkräfte einbringen?		
Bin ich für angehende Lehrkräfte vor allem in fachlichen Fragen Ansprechperson oder umfasst meine Rolle auch emotionale oder persönliche Unterstützung?		

- Schätzen Sie Ihr Handeln und Ihre Überzeugungen in Bezug auf Mentoringsituationen anhand folgender Aussagen selber ein. Auf der linken Seite finden Sie Beispiele für eher transmissions-orientierte Handlungen bzw. Überzeugungen, auf der rechten Seite Beispiele für eine stärker konstruktivistische Orientierung.

Eher transmissive Orientierung					**Eher konstruktivistische Orientierung**
Durch meine Erfahrung kann ich zukünftigen Lehrkräften korrektes Handeln gut vormachen.	○	○	○	○	Zukünftige Lehrkräfte lernen durch eigene Erfahrungen.
In Gesprächen bin ich es, die*der die meisten Themen einbringt.	○	○	○	○	In Gesprächen frage ich mein Gegenüber, welche Themen besprochen werden sollen.
In Gesprächen habe ich oft einen sehr hohen Redeanteil.	○	○	○	○	In Gesprächen gleichen sich unsere Redeanteile gut aus, wir ergänzen uns.
An Unterrichtsplanungen von angehenden Lehrkräften muss ich oft noch viel verbessern.	○	○	○	○	Unterrichtsplanungen von angehenden Lehrkräften sind für mich die Basis für eine gemeinsame Weiterentwicklung.
Für mich kommt es darauf an, dass angehende Lehrkräfte möglichst viel von meinen guten Erfahrungen übernehmen.	○	○	○	○	Angehende Lehrkräfte ermuntere ich, selber über Zusammenhänge nachzudenken und durch Reflexion, sich den eigenen Überzeugungen bewusst zu werden.
Viel Praxis ist entscheidend für das Lernen von Lehrkräften.	○	○	○	○	Bewusste und reflektierte Praxis ist entscheidend für das Lernen von Lehrkräften.

- Führen Sie mit der*dem Studierenden ein erstes Gespräch, in dem Sie beispielsweise folgende Themen miteinander besprechen:
  - Gegenseitige Erwartungen
  - Erwartungen der Universität bzw. des Studienseminars
  - Persönliche Hintergründe und Erfahrungen der*des Studierenden und des*der Mentor*in
  - Ziele für das Praktikum von beiden Seiten
  - Aufgabenverteilung
  - Fragen aus der Checkliste zum Start in das Praktikum
  - Fertigen Sie ein Protokoll mit den wichtigsten Ergebnissen an. Sie können dies bei einem Zwischen- oder Abschlussgespräch als Grundlage nehmen.

Aufgaben für Studierende

- Beantworten Sie für sich selber folgende Fragen:

Frage	Meine Antwort
Was sind meine Erwartungen an meine*n Mentor*in? Was sind die Erwartungen von meinen Mentor*innen an mich?	
Was ist mir in der kurzen Zeit, die mein*e Mentor*in für meine Begleitung zusätzlich aufwenden kann, am Wichtigsten?	
Wie kann ich mein*e Mentor*in in ihrer*seiner normalen Tätigkeit unterstützen? Was kann ich dabei lernen?	
Was sind die Erwartungen der Universität bzw. des Studienseminars an mich, und was davon sollte mein*e Mentor*in wissen?	

Anhang zum Kapitel

Arbeitsmaterial: Checkliste für den Beginn des Praktikums zur gemeinsamen Bearbeitung durch Mentor*in und Studierende*n

Die Zeit vor und die ersten Tage in einem Praktikum sind von besonderer Bedeutung. Viele neue Eindrücke, Menschen und Aufgaben kommen auf alle Beteiligten zu. Diese Liste soll insbesondere Studierenden dabei helfen, die Zeit vor dem Praktikum und die ersten Tage gewinnbringend zu gestalten.

In mehreren Themenbereichen sind mögliche Aufgaben bzw. Themenfelder dargestellt, zu denen Sie sich eigene Notizen machen können.

Themenbereich/Aufgabe	Kommentar/Notizen	Erledigt?
Themenfeld: Das Praktikum organisieren und formal in der Schule „ankommen“.		
*Ansprechpartner*in in der Schule*		
Wer ist mein*e Mentor*in? In welchem Fach?		
Wer gehört zur Schulleitung?		
Wer ist Sekretär*in?		
Gibt es eine*n Medienassistent*in?		
Gibt es weitere für Praktikant*innen wichtige Mitarbeiter*innen in der Schule (z. B. Sozialarbeiter*innen)?		
Benötige ich einen Schlüssel für bestimmte Räume?		
Wichtige Regelungen der Schule		
Wie sind die Unterrichts- und Pausenzeiten?		
Wann finden Dienstbesprechungen, an denen ich teilnehmen sollte, statt?		
Gibt es wichtige Regeln für Schüler*innen, die ich kennen muss? Pausenaufsicht? Handynutzung?		

Themenbereich/Aufgabe	Kommentar/Notizen	Erledigt?
Themenfeld: Das Praktikum organisieren und formal in der Schule „ankommen“.		
Wo finde ich einen Vertretungsplan/Schwarzes Brett?		
Wo finde ich Scanner/Kopierer/Drucker? Gibt es ein Kontingent? Benötige ich ein Passwort?		
Gibt es eine Schul- und Hausordnung (Notfallplan)? Wo?		
Gibt es wichtige Informationen zum Schulgebäude z. B. Krankenzimmer, Lehrkräftezimmer, Computerraum, etc.?		
Absprachen zum Nachweis des Praktikums		
Sind der Schule die wichtigsten Regeln der Universität (z. B. Praktikumsordnung) bekannt?		
Themenfeld: Mein Einsatz in der Schule		
Gibt es Leitbilder oder Schulprogramme, die ich kennen sollte?		
In welchen Klassen werde ich eingebunden sein?		
Gibt es Besonderheiten zu den Klassen? Gibt es z. B. Schüler*innen mit Schulbegleitung oder mit „Deutsch als Zweitsprache“?		

Themenbereich/Aufgabe	**Kommentar/Notizen**	**Erledigt?**
Welche Aktivitäten, die über den Unterricht hinaus gehen, kann ich begleiten? (z. B. Elterngespräch, Projektwochen, Klassenfahrten bzw. Ausflüge, …)		
Wie soll/kann ich mich ins Schulleben einbringen?		
Themenfeld: Meine Ziele im Praktikum und Wünsche an die Zusammenarbeit		
Entwicklung des Studierenden		
Welche Erfahrungen habe ich, die ich besonders einbringen kann?		
Was sind meine Ziele für das Praktikum? Was möchte ich besser verstehen und lernen?		
Zusammenarbeit Mentor*in und Studierende*r/LiV		
Was erhoffe ich mir von meiner*meinem Mentor*in? Wie stelle ich mir die Zusammenarbeit vor?		
Gibt es feste Zeiten, zu denen wir Unterricht vor- oder nachbesprechen können?		
Wie kann mein*e Mentor*in mir helfen? Wie kann ich meiner*meinem Mentor*in helfen und im Unterricht unterstützen?		

Themenbereich/Aufgabe	Kommentar/Notizen	Erledigt?
Falls an der Schule auch ein Projekt zum Forschenden Lernen durchgeführt wird: Zusammenarbeit im Forschenden Lernen		
Ist die Schule über das Projekt informiert? Kann die Schule Einfluss auf das Thema nehmen? Welche Themen interessieren die Schule?		
Welche Erhebungen plane ich und welche Einverständniserklärungen sind dazu nötig? Welchen zeitlichen Vorlauf benötige ich für die Einverständniserklärungen?		
Wie kann die Schule vom Projekt im Forschenden Lernen profitieren? Darf ich mein Projekt/erste Projektergebnisse in einer Dienstbesprechung präsentieren?		

Literaturempfehlungen

Berner, H. & Isler, R. (Hrsg.). (2011). *Lehrer-Identität. Lehrer-Rolle. Lehrer-Handeln.* Baltmannsweiler: Schneider Verlag Hohengehren.

Leonhard, T., Fraefel, U., Jünger, S., Kosinar, J., Reintjes, C. & Richiger, B. (2016). Zwischen Wissenschafts- und Berufspraxis. Berufspraktische Studien als dritter Raum der Professionalisierung von Lehrpersonen. *Zeitschrift für Hochschulentwicklung,* 11(1), 79–98.

Fraefel, U., Bernhardsson-Laros, N. & Bäuerlein, K. (2017). *Partnerschulen als Ort der Professionalisierung angehender Lehrpersonen. Konzept, Implementierung, forschungsbasierte Weiterentwicklung und generelle Einführung im Bildungsraum Nordwestschweiz.* In U. Fraefel & A. Seel (Hrsg.), Konzeptionelle Perspektiven schulpraktischer Studien. Partnerschaftsmodelle – Praktikumskonzepte – Begleitformate (S. 57–76). Münster: Waxmann.

Morini, S., Niggli, A. & Gut, R. (2013). Beziehung und Lernen im Mentoring von Lehramtsstudierenden. Eine Explorationsstudie zur Wirksamkeit. *Journal für Lehrerinnen- und Leherausbildung,* 13(2), 19–25.

4. Unterricht mit Lernenden planen und Unterricht beobachten

Dieses Kapitel …
- … benennt die wichtigsten Aspekte von Unterrichtsplanung insb. für Novizinnen und Novizen.
- … formuliert mögliche Checkfragen an die Unterrichtsplanung von Studierenden.
- … beschreibt, wie man bereits während der Unterrichtsplanung Kriterien einer späteren Unterrichtsbeobachtung einplanen kann.
- … enthält eine beispielhafte Unterrichtsskizze einer Studierenden, die als Grundlage für spätere Besprechungen zum Unterricht bzw. zum gemeinsamen Unterricht dienen kann.

Stellen Sie sich als Lehrkraft vor:
Nach einer ersten Hospitationszeit soll die Studentin Anna mit Ihnen gemeinsam eine Unterrichtsstunde durchführen. Sie als Mentor*in haben sich ein Thema für die Stunde überlegt. Sie trauen der Studentin inzwischen zu, etwas mehr Verantwortung zu übernehmen und die Stunde ohne eine konkrete Vorlage von Ihnen zu planen und auch während der Stunde eine zentrale Rolle zu übernehmen. Damit Sie mit der Studentin ins Gespräch kommen können, über das, was sie für die Stunde vorgesehen hat, bitten Sie die Studentin um eine schriftliche Unterrichtsplanung. Die Studentin ist unsicher, wie umfangreich diese Planung sein soll. – In diesem Kapitel stellen wir Ihnen ein Vorgehen für die Erstellung einer Unterrichtsskizze vor, in der einerseits die wichtigsten Aspekte der Unterrichtsplanung vor allem für studentisch geplante Einheiten verschriftlicht werden und die andererseits so alltagstauglich ist, dass sie leicht für Planungsprozesse genutzt werden kann. ◁

Eine für die Schüler*innen lernwirksame sowie für Studierende professionalisierend wirkende Unterrichtsdurchführung setzt eine entsprechende Planung des Unterrichts voraus. Auch wenn Unterricht an sich immer eine unsichere, im Detail unplanbare Situation darstellt (Helmke, 2015), so lässt sich durch eine strukturierte Planung bereits im Vorfeld definieren, welche Ziele durch den Unterricht verfolgt werden, wie auf die Lernvoraussetzungen der Schüler*innen eingegangen wird, welche Inhalte thematisiert werden und welche Methoden, Sozialformen und Lernaufgaben zur Anwendung kommen. Im Kontext der Begleitung von Studierenden in Praxisphasen ermöglicht eine schriftliche Planung des Unterrichts zudem das strukturierte Gespräch über den geplanten Unterricht.

Unterricht planen – Unterrichtsskizze als Hilfsmittel

Eine Unterrichtsplanung verschriftlicht das Zusammenspiel der bei Schüler*innen zu fördernden Kompetenzen bzw. der Lernvoraussetzungen der Schüler*innen, den Anforderungen des Faches und der geplanten methodischen Umsetzung (Esslinger-Hinz et al., 2013). Im Kontext von Praxisphasen erfüllt sie zusätzlich die Funktion des Abgleichs von Erwartungen und Planungsleistungen zwischen den beteiligten Akteuren. Eine ausführliche Unterrichtsplanung stellt hohe Anforderungen an die planende Person. Für Anfänger*innen ist es dabei wichtig, den Lerninhalt tief zu durchdringen und dazu passende Lehraufträge und Aufgaben auszuwählen.

Für die Anregung von Austausch- und gemeinsamen Planungsprozessen im Rahmen eines an konstruktivistischen Prinzipien orientierten Mentorings schlagen wir vor, für eine Vorbesprechung zum Unterricht eine verkürzte Unterrichtsskizze anzufertigen. Eine solche Skizze, die sehr kompakt alle wesentlichen Merkmale einer Unterrichtsplanung enthält, macht einen Dialog über die Planung möglich. Wir orientieren uns an den Empfehlungen zum Unterrichtsentwurf nach Esslinger-Hinz et al., reduzieren diese hier jedoch deutlich (Esslinger-Hinz et al., 2013).

Unter einer **Unterrichtsskizze** verstehen wir eine strukturierte, schriftliche Unterrichtsplanung, in der die wesentlichen Aspekte der Unterrichtsplanung übersichtlich zusammengefasst sind. Die Unterrichtsskizze dient dabei zur Strukturierung des Planungsprozesses, als Hilfsmittel für Unterrichtsvorbesprechungen, als Unterstützung während des Unterrichts und als Reflexionsinstrument während einer Unterrichtsnachbesprechung.

Im Anschluss an dieses Kapitel finden Sie eine beispielhaft bearbeitete Unterrichtsskizze. Es wird von der Studentin Anna Unterricht im Fach Deutsch für eine Grundschulklasse geplant. An der Unterrichtskizze werden die im folgenden benannten Aspekte illustriert. Außerdem haben wir für Sie Reflexionsanregungen zum Fallbeispiel bzw. zu Unterrichtsplanungen der angehenden Lehrkräfte formuliert. Durch die Bearbeitung können Sie fokussiert die Unterrichtsplanung prüfen.
Es ist zudem hilfreich, sich bereits zu Beginn des Praktikums zu überlegen, wie die angehende Lehrkraft im Praktikumsverlauf eingebunden werden kann. Hierzu finden Sie eine Planungsanregung im Reflexions- und Aufgabenteil. Weiterhin kann es sinnvoll sein, wenn sich die angehende Lehrkraft früh überlegt, was sie bzw. er in

Bezug auf die Planung von Unterricht lernen möchte. Auch hierzu finden Sie eine Aufgabe, die Sie an Studierende/LiVs weitergeben können. ◁

Die hier vorgeschlagene Unterrichtsskizze gliedert sich in fünf Abschnitte (A – E), die im Folgenden jeweils beschrieben werden. Die vollständige Skizze als ausführliches Beispiel findet sich im Anhang zu diesem Kapitel.
In **Abschnitt A** werden kurz die zentralen Rahmenbedingungen und Ziele des zu planenden Unterrichts zusammengefasst.
Leitfragen für diesen Abschnitt sind:

- Was sind die angestrebten Kompetenzen, die die Kinder aufbauen sollen? Was sollen die Kinder und Jugendlichen lernen?
- Mit was für einer Lerngruppe haben wir es zu tun? Was sind die Lernvoraussetzungen der Kinder und Jugendlichen?
- Wie bettet sich der geplante Unterricht in das Kerncurriculum und in die Unterrichtseinheit ein?

Abschnitt B lenkt den Fokus auf den fachlichen Gegenstand und die damit verbundenen bzw. daraus resultierenden Aufgaben bzw. Lernaufträge für die Schüler*innen. Es wird darin festgehalten, wie mit der Heterogenität der Klasse insbesondere in Bezug auf die Unterstützung bei der Aufgabenbearbeitung umgegangen werden soll.
Leifragen für diesen Abschnitt sind:

- Was ist der fachliche Gegenstand der Unterrichtseinheit? Wie lässt sich der Gegenstand fachlich strukturieren und didaktisch reduzieren?
- Wie wird der Gegenstand in eine zentrale Lernaufgabe für die Schüler*innen überführt? Was sollen die Kinder bearbeiten? Wo bestehen erwartete Schwierigkeiten und Herausforderungen bei der Aufgabenbearbeitung?
- Wie greift die zentrale Lernaufgabe die Heterogenität der Klasse auf und durch welche Maßnahmen erfolgt ggf. eine Differenzierung?

Im **Abschnitt C** werden die Zusammenhänge der Planung visuell in Tabellenform dargestellt. In diesem Abschnitt wird das erwartete Unterrichtsgeschehen in seinem zeitlichen Verlauf übersichtlich zusammengefasst. Die Tabelle umfasst Spalten zum zeitlichen Verlauf, zu den geplanten Handlungsschritten, Aspekten der Unterrichtsorganisation bzw. der Sozialform, dem Ziel der jeweiligen Phase und den benötigten Medien bzw. Material. Darüber hinaus wird in der Tabelle bereits aufgenommen, wie sich das Teamteaching zwischen Mentor*in und Student*in bzw. Lehrkraft im Vorbereitungsdienst darstellen soll bzw. welchen Beobachtungsauftrag die*der Mentor*in erhält. An dieser Stelle wird somit in die Unterrichtsskizze erstmalig auch der Blick auf die Professionalisierung der*des Studierenden gelegt.

Leitfragen für diesen Abschnitt sind:

- Wie soll der Unterricht zeitlich, inhaltlich und organisatorisch ablaufen? Ist die Planung realistisch?
- Wurden geeignete Lernaufträge ausgewählt, um die Lernziele zu erreichen?
- Sind die gewählten Methoden bzw. Sozialformen adäquat?
- Fokussiert die geplante Tätigkeit der angehenden Lehrkraft Kernpraktiken des Unterrichtens?

Während die bisherigen Abschnitte vor allem das Lernen der Schüler*innen fokussieren, wird in **Abschnitt D** das Lernen der angehenden Lehrkraft thematisiert. Während zwar das Lernen der Schüler*innen in jeder Unterrichtseinheit den Kern von Unterricht ausmacht, so ist gleichzeitig der Unterricht auch eine Lernsituation für die zukünftige Lehrkraft. In diesem Abschnitt wird daher festgehalten, welches die individuellen Entwicklungsziele für die angehende Lehrkraft sind, welche Schwerpunkte in der Unterrichtsbeobachtung eingenommen werden sollen und ob bzw. welche Verabredungen zum Teamteaching zwischen Mentor*in und Student*in bzw. LiV getroffen werden.
Leitfragen für diesen Abschnitt sind:

- Ist das Entwicklungsziel für die zukünftige Lehrkraft realistisch und passend zur Stunde bzw. dem Entwicklungsstand?
- Ist das zu beobachtende Entwicklungsziel tatsächlich beobachtbar und durch die zukünftige Lehrkraft beeinflussbar?
- Unterstützt die gewählte Form des Teamteachings das Lernen der Schüler*innen sowie das der zukünftigen Lehrkraft?

Abschnitt E umfasst Angaben zur verwendeten Literatur und die konkreten Arbeitsmaterialien, Aufgabenformulierungen und gegebenenfalls die konkreten Aufgaben für den Unterricht.

Unterrichtsbeobachtung planen

Für eine spätere gemeinsame Auswertung des unterrichtlichen Geschehens ist eine präzise Beobachtung des Unterrichts die entscheidende Grundlage. Hierbei sollte der Fokus der Beobachtung auf Aspekte gelegt werden, die einerseits möglichst objektiv und verlässlich beobachtet werden können und die andererseits von der angehenden Lehrkraft beeinflussbar sind und durch die ein Lernen der*des Studierenden bzw. LiV möglich ist (Helmke, 2015).
Gut geeignete Aspekte für die Unterrichtsbeobachtung sind:

- In der Planung berücksichtigte Aspekte, die den Wissenserwerb der Schüler*innen unterstützen (z. B. Wahl der Ziele und Zielorientierung im Unter-

richt, Wahl der Aufgabenstellungen, Berücksichtigung der Heterogenität in der Lerngruppe).
- Aspekte des Klassenmanagements bzw. der Klassenführung (z. B. Monitoring der Schüler*innenaktivitäten durch die Lehrperson, reibungslose Strukturierung des Unterrichtsverlaufs, Etablierung und Befolgung von Unterrichtsregeln, -routinen und -ritualen).
- Aspekte, die die individuelle Lernunterstützung (z. B. Feedback) bzw. die kognitive Aktivierung (z. B. Passung der Aufgaben zur Lerngruppe, Passung des Lernangebots zur Nutzung) der Schüler*innen betreffen.
- Aspekte, die im Unterricht immer wiederkehren und für das Gelingen des Unterrichts besondere Bedeutsamkeit haben, die also zum Kern der Praxis als Lehrkraft gehören (z. B. die Gestaltung von Einstiegen, die Formulierung von Aufgaben, das individuelle Lerncoaching mit einzelnen Schüler*innen).

Weniger gut geeignete Aspekte für die Unterrichtsbeobachtung sind:
- Allgemeine Persönlichkeit der*des Studierenden/LiV, insbesondere, wenn die*der Adressat*in diese nicht selbständig verändern kann (z. B. „allgemeine Persönlichkeit als Lehrkraft").
- Rückmeldungen, die sich ausschließlich auf die betroffene Unterrichtssituation beziehen und durch Studierende bzw. LiVs nicht auf andere Situationen übertragbar sind (z. B. zu sehr spezifischem Material, welches in der Situation benutzt wurde und anhand dessen sich keine allgemeinen Prinzipien ableiten lassen).
- Aspekte, die nicht anhand von konkreten Beobachtungen operationalisiert werden können, sondern die auf nicht beobachtbaren Konstrukten beruhen (z. B. über das „Gefühl" während der Unterrichtsstunde).

Für die systematische Beobachtung von Unterricht bietet es sich an, einen Beobachtungsbogen zur Hilfe zu nehmen. Dieser kann helfen, sich auf die wesentlichen Aspekte zu fokussieren und die Kriterien transparenter werden zu lassen. Im Reflexions- und Aufgabenteil zu diesem Kapitel befindet sich ein Beobachtungsbogen, der besonders auf die Ausbildungssituation angepasst ist. Im Internet stehen zahlreiche weitere Beobachtungsbögen zur freien Verfügung.
Besonders empfehlenswert sind Bögen aus unserer Sicht dann, wenn sie sich an beobachtbaren und relevanten Kategorien orientieren. Für die Nutzung in Ausbildungssituationen sind beispielsweise folgende Beobachtungsbögen zu empfehlen:
- Thiel & Gärtner – Beobachtungsbogen zur Erfassung von Unterrichtsqualität (BERU) – https://www.ewi-psy.fu-berlin.de/einrichtungen/arbeitsbereiche/schulentwicklungsforschung/media/Beobachtungsbogen_zur_Erfassung_von_Unterrichtsqualitaet_BERU.pdf
- Helmke et al. – Verschiedene Fragebögen aus dem Projekt Evidenzbasierte Methoden der Unterrichtsdiagnostik – http://www.unterrichtsdiagnostik.de

- Schulinspektion Hamburg – Beobachtungsbögen der Schulinspektion Hamburg, gegliedert in Klassenführung, Konstruktive Unterstützung & Potenzial zu kognitiver Aktivierung – https://www.hamburg.de/bsb/schulinspektion/

Reflexions- und Aufgabenteil

Reflexionsanregungen für Mentor*innen

- Überlegen Sie anhand der inhaltlichen Kurzskizze des Unterrichts während des Praktikumszeitraums bzw. Zeitraum der Zusammenarbeit, welche fachlichen Anteile besonders gut durch die*den Studierende*n bzw. LiV übernommen bzw. mitgestaltet werden können. Beachten Sie dabei in erster Linie das Lernen der Schüler*innen, aber auch organisatorische Aspekte (z. B. Wann ist die*der Studierende in der Schule anwesend?) als auch Belastungsaspekte bei Ihnen und der angehenden Lehrkraft (z. B. In welchen Phasen des Praktikums/des Vorbereitungsdienstes kann die*der Studierende/LiV überhaupt wie viel Unterricht mitgestalten?). Sie können somit einen ungefähren Plan herausarbeiten, was die bzw. der Studierende/LiV zu welchem Zeitpunkt im Verlauf des Praktikums gestalten kann.

Woche/Monat des Praktikums/Vorbereitungsdienstes	Fachliches Thema	Möglichkeit der Einbindung von Studierenden
Woche 1–2	*Sachunterricht: Stromerzeugung/verschiedene Kraftwerkstypen*	*Einbezug des Aspektes BNE in das Thema*

- Überlegen Sie, welche Aspekte der Unterrichtsplanung in der betreffenden Lerngruppe besonders herausfordernd sind und welche Maßnahmen (z. B. innerhalb des Teamteachings) Sie ergreifen können, damit sich die Planung für Studierende/LiV herausfordernd, aber nicht als Überforderung darstellt.

Aufgaben für Studierende/Lehrkräfte im Vorbereitungsdienst

- Überlegen Sie, welche Aspekte bei der Unterrichtsplanung Ihnen noch besonders schwerfallen bzw. was Sie schon gut können.

Aspekt der Unterrichtsplanung	Kann ich noch nicht gut	Kann ich eher nicht gut	Kann ich eher gut	Kann ich sehr gut	Folgendes möchte ich dazu lernen
Fachliche Inhalte für die Lerngruppe auswählen	◯	◯	◯	◯	
Fachliche Inhalte für Schüler*innen strukturieren	◯	◯	◯	◯	
Die Leistungsfähigkeit der Schüler*innen abschätzen	◯	◯	◯	◯	
Maßnahmen zur Differenzierung planen	◯	◯	◯	◯	
Maßnahmen zur Klassenführung planen	◯	◯	◯	◯	
Geeignete Lernaufgaben auswählen	◯	◯	◯	◯	
Adäquate Methoden auswählen	◯	◯	◯	◯	
Übergänge planen	◯	◯	◯	◯	
Den zeitlichen Verlauf planen	◯	◯	◯	◯	
Möglichkeiten zu meiner Entlastung während des Unterrichtens planen	◯	◯	◯	◯	
…	◯	◯	◯	◯	

- Besprechen Sie mit Ihrer*Ihrem Mentor*in diese Aspekte und überlegen Sie daraus, welche Unterrichtsstunden bzw. Unterrichtsanteile Sie planen sollen und auf was Sie dabei besonders achten.
- Suchen Sie sich gezielte wenige Schwerpunkte aus (z. B. Klassenführung, Aufgabenstellung usw.) und achten Sie in den folgenden Stunden besonders auf diese.

Anhang zum Kapitel

Beobachtungsbogen für den Unterricht von angehenden Lehrkräften

O Fremdeinschätzung einer betreuenden Lehrkraft bzw. eines Peers

O Selbsteinschätzung der angehenden Lehrperson

Bereich/Kriterium	**nicht erfüllt**	**kaum erfüllt**	**teilweise erfüllt**	**voll erfüllt**	**Kommentar**
Dimensionen, die sich auf die Vorbereitung des Unterrichts beziehen					
Zielorientierung und Adaptivität					
Es ist klar, was die Schüler*innen lernen sollen. Entsprechende Kompetenzen sind formuliert.	○	○	○	○	
Die Besonderheiten der Lerngruppe und Lernvoraussetzungen werden berücksichtigt.	○	○	○	○	
Die Planung passt zur Lerngruppe.	○	○	○	○	
Der geplante Unterricht bettet sich in die Unterrichtseinheit bzw. das Kerncurriculum ein.	○	○	○	○	
Aufgabenqualität					
Die zentrale Lernaufgabe ist fachdidaktisch passend gewählt.	○	○	○	○	
Die zentrale Lernaufgabe ist passend zum Vorwissen der Schüler*innen.	○	○	○	○	
Die zentrale Lernaufgabe ist kognitiv aktivierend.	○	○	○	○	
Die zentrale Lernaufgabe berücksichtigt die Heterogenität der Klasse. Es ist Differenzierung vorgesehen.	○	○	○	○	
Umsetzungsplanung					
Die Sozialformen sind sinnvoll gewählt und passen zur Lerngruppe, den Aufgaben und den Zielen des Unterrichts.	○	○	○	○	
Die Materialien bzw. Medien sind sinnvoll gewählt und passen zur Lerngruppe, den Aufgaben und den Zielen des Unterrichts.	○	○	○	○	

Bereich/Kriterium	nicht erfüllt	kaum erfüllt	teilweise erfüllt	voll erfüllt	Kommentar
Zusammenarbeit und Entwicklung der*des Studierenden/LiV					
Für die*den Studierenden/LiV wird ein realistisches Entwicklungsziel benannt.	○	○	○	○	
Das Teamteaching unterstützt die Entwicklung des*der Studierenden/LiV sinnvoll.	○	○	○	○	
Dimensionen, die sich auf die Durchführung des Unterrichts beziehen					
Klassenführung					
*Monitoring der Schüler*innenaktivitäten durch die Lehrperson*					
Die*der Studierende/LiV ist im Unterricht „allgegenwärtig“ und bemerkt, was bei allen Schüler*innen im Unterricht vorgeht.	○	○	○	○	
Das Unterrichtsangebot passt zur Nutzung durch die Schüler*innen.	○	○	○	○	
Es wird angemessen mit Störungen umgegangen.	○	○	○	○	
Reibungslose Strukturierung des Unterrichtsverlaufs					
Übergänge und Phasenwechsel im Unterricht werden so gestaltet, dass die Schüler*innen folgen können.	○	○	○	○	
Die Geschwindigkeit im Unterricht orientiert sich am Lerntempo der Schüler*innen.	○	○	○	○	
Es wird für einen schwungvollen Verlauf gesorgt.	○	○	○	○	
Etablierung und Befolgung von Unterrichtsregeln, -routinen und -ritualen					
Im Unterricht werden die in der Lerngruppe etablierten Regeln genutzt.	○	○	○	○	
Individuelle Lernunterstützung der Schüler*innen					
Die Schüler*innen werden individuell im Unterricht adressiert.	○	○	○	○	

Bereich/Kriterium	nicht erfüllt	kaum erfüllt	teilweise erfüllt	voll erfüllt	Kommentar
Es erfolgt ein konstruktives, individuelles Feedback an die Schüler*innen.	○	○	○	○	
Die Schüler*innen werden geeignet motiviert, dem Unterricht zu folgen.	○	○	○	○	
Kognitive Aktivierung der Schüler*innen					
Die Schwierigkeit der Aufgaben wird so gewählt, dass die Schüler*innen kognitiv aktiviert werden.	○	○	○	○	
Bei der Aufgabenbearbeitung bleibt der Bezug zu den Zielen des Unterrichts immer bestehen.	○	○	○	○	
Die Schüler*innen erhalten ausreichend Hilfsmittel, um die Aufgaben zu bearbeiten.	○	○	○	○	
Die Schüler*innen werden motiviert, sich anzustrengen.	○	○	○	○	
Zusammenarbeit zwischen Lehrpersonen im Unterricht					
Die Lehrpersonen kooperieren im Unterricht in der zuvor abgesprochenen Weise.	○	○	○	○	
Die Kooperation ist förderlich für das Lernen der*des Studierenden/LiV und der Schüler*innen.	○	○	○	○	
Die jeweiligen Rollen sind allen Akteuren (Studierende*r/LiV, Mentor*in, Schüler*innen) bewusst.	○	○	○	○	

Fallbeispiel Unterrichtsskizze

Diese Skizze dient der strukturierten Vorbereitung einer Unterrichtsvorbesprechung sowie der Unterrichtsdurchführung durch Studierende/angehende Lehrkräfte bzw. durch Studierende gemeinsam mit Mentor*innen. Sie ist angelehnt an die Anforderungen eines Unterrichtsentwurfs, stellt jedoch keine abschließende Planung, sondern eine Gesprächsgrundlage dar.

Abschnitt A: Rahmenbedingungen und Ziele des Unterrichts

In diesem Abschnitt werden die zentralen Rahmenbedingungen des Unterrichts zusammengefasst. Von besonderer Relevanz ist hier die Formulierung von Kompetenzen, die die Schüler*innen am Ende der Unterrichtseinheit aufgebaut haben sollen.
Zu den vorgefunden Bedingungen gehört auch die Darstellung der Lernvoraussetzungen der Schüler*innen in Bezug auf den Gegenstand.

Schulform, Klassenstufe, Fach:
Grundschule, 1. Klasse, Deutsch

Thema der Unterrichtseinheit:
Kreatives Schreiben

Thema der Unterrichtsstunde:
Einen Brief aus der Perspektive eines Löwen schreiben

Kompetenzbereiche laut Kerncurriculum:
Schreiben – Texte verfassen (Einen Brief adressatengerecht schreiben)

Stellung der Stunde im Rahmen der Unterrichtseinheit:
1. Unterrichtsstunde: Einführung in das Thema „Kreatives Schreiben“ anhand des Buches „Freunde“ von Helme Heine
2. Unterrichtsstunde: Sammeln von Merkmalen zum Schreiben von Geschichten
3. Unterrichtsstunde: *Gemeinsames Lesen des Buches „Die Geschichte vom Löwen, der nicht schreiben konnte“ von Martin Baltscheit und Verfassen eines Briefes*
4. Unterrichtsstunde: Antwortbrief der Löwin an den Löwen verfassen

Angestrebte Kompetenzen:

Die Schüler*innen können die Perspektive einer fiktiven Figur einnehmen und dies durch adressatenbezogenes Schreiben ausdrücken.

Lernvoraussetzungen der Schüler*innen:

- Alle Kinder waren in den ersten beiden Stunden der Unterrichtseinheit anwesend, so dass davon ausgegangen werden kann, dass alle im Themenkomplex orientiert sind.
- 20 Kinder, neun Mädchen und elf Jungen.
- Maha wiederholt die erste Klasse aufgrund der unzureichenden Leistungen in den Fächern Deutsch und Mathemathik, sie ist seit drei Jahren in Deutschland und beherrscht die deutsche Sprache mittlerweile gut. Geübte Texte kann sie mit Hilfe lesen und schreiben.
- Jan wiederholt die erste Klasse und hat sonderpädagogischen Unterstützungsbedarf im Förderschwerpunkt Lernen. Er hat große Probleme mit dem Lesen und Schreiben. Er schafft es, durch gezielte Impulse und Unterstützung einzelne Wörter zu lesen und zu schreiben.

Abschnitt B: Der Unterrichtsgegenstand, die Lernaufgaben und Differenzierung

Die Frage, was genau die Schüler*innen fachlich lernen sollen, bedarf besonderer Aufmerksamkeit. In diesem Abschnitt der Unterrichtsskizze werden daher die fachwissenschaftlichen Strukturen des Unterrichtsgegenstands zusammengefasst. Hierbei wird auch auf fachdidaktische Aspekte in Hinblick auf die Strukturierung und Reduzierung des Gegenstands eingegangen. Mögliche Fehlerquellen der Schüler*innen werden identifiziert.
Aus dem Unterrichtsgegenstand und der fachdidaktischen Einordnung entstehen die zentralen Lernaufgaben der Unterrichtssequenz. Diese Aufgaben werden in ihren Zielen und ihrer Methode beschrieben.
Weiterhin erfolgt in diesem Abschnitt eine kurze Darstellung der geplanten Differenzierungstätigkeiten.

Die Sache – der Unterrichtsgegenstand

Produktionsorientiertes Schreiben beinhaltet sowohl das kreative Schreiben als auch den schöpferischen Umgang mit Sprache (Spinner, 1987). Dabei dient die Literatur „Die Geschichte vom Löwen, der nicht schreiben konnte“ als Impuls für kreatives Schreiben und hat zum Ziel, die kreativen Potentiale hervorzurufen (Spinner, 1987). Das produktionsorientierte Schreiben erfordert die Kompetenz der Perspektivenübernahme. Diese wird hier durch das Hineinversetzen in den Löwen übernommen, denn die Schüler*innen haben den Arbeitsauftrag, für den Löwen einen Brief an die Löwin zu schreiben. Diese Leistung, eine fremde Perspektive zu übernehmen, ist eine grundlegende Aufgabe des Literaturunterrichts und fordert von den Kindern das Hineinversetzen in die Sichtweisen anderer Menschen (Spinner, 1987). Das ebenfalls damit verbundene kreative Schreiben wird oft auch als imaginatives oder expressives Schreiben betitelt und meint damit die Aktivierung der Vorstellungsfähigkeit (Imaginationskraft) sowie den Ausdruck der eigenen Identität im Geschriebenen (Vopel, 2009). Durch den Lebensweltbezug sollen die Schüler*innen motiviert werden, im kreativen Schreiben eine ästhetische und kommunikative Funktion zu sehen (Hinrichs, 2011).

Analyse der Lernaufgaben

„Du bist der Löwe – was möchtest du der Löwin sagen? Schreibe es in deinem Brief auf!"

Bei dem Schreibauftrag handelt es sich um das adressatenbezogene, kreative, problemlösende Schreiben. Die Kinder machen dabei erste Erfahrungen mit der Textart ‚Brief' und setzen diese praktisch um. Die besondere Schwierigkeit liegt dabei im adressatenbezogenen Schreiben, denn dort müssen die Kinder eine andere Perspektive übernehmen. Es wird die Perspektivübernahme gefördert. Durch die Aufgabe, die einen neuen Schreibanlass schafft, werden die bisher erlernten Kompetenzen vertieft und das Schreibthema weitergeführt. Daneben fördert die Aufgabe Gestaltungsprozesse und die Schüler*innen können in gewisser Art und Weise ihrer Kreativität freien Lauf lassen. Da die Kinder einen Brief im Namen des Löwen schreiben, welcher durch das Stofftier verkörpert wird, werden sie auf emotionaler und motivationaler Ebene angeregt, dem Löwen zu helfen.

Differenzierung

- Angelo erhält für die individuelle Arbeitsphase themenbezogene Wörter, welche er durch Bilder erkennt, abschreibt und anschließend selbst aus dem Gedächtnis nochmal aufschreibt.
- Jan und Maha erhalten Briefpapier mit vorgeschriebenen Satzanfängen, welche beendet werden müssen.
- Die Länge des Textes, den die Kinder schreiben, hängt von ihrem individuellen Leistungsstand ab. Es gibt keine vorgegebene Textlänge.

Abschnitt C: Visuelle Modellierung der Planungszusammenhänge

Zeit	Unterrichtsphase	Geplante Handlungsschritte	Unterrichtsorganisation/ Sozialform	Didaktisch-methodischer Kommentar	Medien/ Material	Teamteaching (TT)/Beobachtungsauftrag (B)
5 min	Einstieg	Student*in begrüßt Schüler*innen, bittet die Schüler*innen in den Kinositz, Student*in zeigt das Stofftier/Buch und lässt Schüler*innen Gedanken äußern	Smiley-Methode, Kinositz	Neugierde wecken, Aufmerksamkeit bündeln	Stofftier – Löwe	TT: Unterstützung im Bereich Classroom-Management
15 min	Hinführung	Student*in liest die Geschichte vor und zeigt die passenden Bilder auf dem Laptop, bespricht anschließend mit den Schüler*innen, was die Kerninhalte des Buches sind und was der Löwe schreiben könnte. Student*in bespricht Eigenschaften von Löwen und Aufbau von Brief. Student*in formuliert den Arbeitsauftrag und lässt ihn von den Schüler*innen wiederholen. Schüler*innen gehen zurück auf ihre Plätze	Kinositz, Smiley-Methode	Visueller Impuls zum besseren Nachvollziehen der Handlung	Laptop mit Bildern, Stofftier – Löwe	B: Klarheit der Aufgabenstellung
18 min	Arbeitsphase	Schüler*innen teilen Briefpapier aus und schreiben einen Brief an die Löwin, Student*in schreibt die Ideenwörter an die Tafel	Individuelle Arbeitsphase	Schüler*innen schreiben nach ihren sprachlichen Fähigkeiten (Differenzierung)		TT: Gemeinsame Unterstützung der Schüler*innen
7 min	Sicherung	Student*in beendet die Arbeitsphase durch akustisches Signal. Schüler*innen dürfen freiwillig nach vorne auf den Vorlesestuhl kommen und dem Löwen ihren Brief vorlesen. Reflexion durch die anderen Schüler*innen anhand des Hörauftrages, Lehrkraft gibt Ausblick auf die nächste Stunde	Plenum	Beenden der Arbeitsphase durch Ritual, Würdigung jeder Arbeit	Stofftier – Löwe, Vorlesestuhl	TT: Ausblick auf die nächste Stunde

Abschnitt D: Entwicklung der*des Studierenden/LiV

Die Unterrichtssequenz stellt nicht nur eine Lernsituation für die Schüler*innen dar, sondern auch für die*den Studierende*n/LiV. Dieses Lernen kann durch die*den Mentor*in unterstützt werden. Hierzu ist es von besonderer Relevanz, dass die Ziele für Studierende/LiVs klar sind, das gemeinsame Verhältnis im Teamteaching transparent ist und ein Fokus der Unterrichtsbeobachtung vereinbart wurde. Zudem sollten sich die Ziele für die angehende Lehrkraft an den Praktiken orientieren, die zum Kern des pädagogischen Handelns in der Schule gehören. Hier werden mögliche Beispiele für die Benennung solcher Ziele bzw. Verabredungen gegeben.

Ziele für die*den Studierende*n/LiV

- Die Entwicklungsziele für die Studentin sind:
  - Klare und verständliche Formulierung von Aufgabenstellungen.
  - Einsatz von Unterstützungsmaterialien bei der Formulierung von Aufgabenstellungen.

Beobachtungsauftrag für die*den Mentor*in

- Klarheit der Lernaufträge für Schüler*innen aus unterschiedlichen Perspektiven beobachten, z. B. in Bezug auf die akustische Verständlichkeit, den Einsatz von Visualisierung, der inhaltlichen Verständlichkeit für alle Kinder.

Verabredungen zum Teamteaching

- Ein späterer Entwicklungsschwerpunkt der Studierenden stellt das Classroom-Management dar. Daher soll hier eine geplante Unterstützung durch die Lehrkraft in Bezug auf den Umgang mit Unterrichtsstörungen stattfinden.
- Weiterhin soll insbesondere während der Bearbeitungszeit der Aufgabe eine Unterstützung der Kinder mit besonderem Differenzierungsbedarf durch die Lehrkraft erfolgen.

Abschnitt E: Literatur und Material

Literaturverzeichnis

Hinrichs, B. (2011). Kreatives Schreiben – ein Weg zur Förderung der Schreibkompetenz von Schülern mit Deutsch als Zweitsprache im Deutschunterricht. Duisburg, Essen: Stiftung Mercator.

Niedersächsisches Kerncurriculum (2017). Kerncurriculum für die Grundschule Schuljahrgänge 1 – 4, Deutsch. Hannover: Niedersächsisches Kultusministerium.

Spinner, K.H. (1987). Wider den produktionsorientierten Literaturunterricht – für produktive Verfahren. Frankfurt am Main: Diesterweg.

Vopel, K.W. (2009). Schreibwerkstatt – Eine Anleitung zum kreativen Schreiben für Schüler, Lehrer und Autoren, Band 1. Salzhausen: iskopress.

Aufgaben zum Fallbeispiel

Lesen Sie sich die Unterrichtsplanung zu dem Fallbeispiel durch und notieren Sie sich Antworten auf folgende Fragen. Somit können Sie sich mit Kriterien vertraut machen, anhand derer Sie gute Unterrichtsplanungen von angehenden Lehrkräften erkennen.

- Woran können Sie anhand der Unterrichtsplanung bereits erkennen, ob …

Merkmal	Antwort
a) … die planende Person den fachlichen Inhalt verstanden hat?	
b) … die Ziele der Unterrichtsstunde deutlich werden und adäquat sind?	
c) … die Unterrichtsplanung an das Vorwissen der Klasse bzw. einzelner Schüler*innen anschließt?	
c) … die Methoden adäquat gewählt sind?	

- Woran können Sie anhand der Unterrichtsplanung erkennen, dass …

Merkmal	Antwort
a) … die Schüler*innen kognitiv aktiviert werden sollen?	
b) … zentrale Elemente der Klassenführung beachtet werden sollen?	
c) … die*der Student*in das eigene Verhalten in Bezug auf die individuelle Unterstützung der Schüler*innen plant?	

Entscheiden Sie sich für zwei Aspekte in Bezug auf die Unterrichtsplanung (z. B. Aktivierung der Schüler*innen, Zieltransparenz, geplantes Feedbackverhalten, Umgang mit Heterogenität, Aufgabenqualität) und entwickeln Sie zu konkreten Planungsaspekten zwei Alternativen. Begründen Sie, warum diese Alternativen das Lernen der Schüler*innen besser unterstützen. Fokussieren Sie sich dabei nicht auf Aspekte, die ein*e Studierende*r/LiV nicht leicht verändern kann (z. B. die eigene Persönlichkeit oder die Einführung neuer Rituale im Unterricht), sondern wählen Sie sich Aspekte, die eine angehende Lehrkraft beeinflussen kann.

Merkmal	Was wurde vorgeschlagen?	Wie könnte man alternativ planen?	Warum ist die Alternative geeigneter?
Individuelle Unterstützung beim Brief schreiben	*Briefpapier verteilen, einzelne Schüler*innen erhalten individuelles Papier.*	*Darüber hinaus 2 bis 3 verschiedene Bögen mit teilweise vorgegebenen Sätzen.*	*Es unterstützt die eine ganze Gruppe von Schüler*innen besser, da diese nicht so gut schreiben können.*

Literaturempfehlungen

Rolff, H.-G. (Hrsg.). (2015). *Handbuch Unterrichtsentwicklung.* Weinheim: Beltz.

Esslinger-Hinz, I., Wigbers, M., Giovannini, N., Hannig, J., Herbert, L., Jäkel, L. et al. (2013). *Der ausführliche Unterrichtsentwurf.* Weinheim: Beltz.

Helmke, A. (2015). *Unterrichtsqualität und Lehrerprofessionalität. Diagnose, Evaluation und Verbesserung des Unterrichts.* Seelze: Klett/Kallmeyer.

5. Über Unterricht sprechen

Dieses Kapitel …

- … benennt Ziele und Potentiale von Unterrichtsbesprechungen.
- … erläutert, wie Sie eine Unterrichtsvor- bzw. -nachbesprechung für Studierende möglichst lernwirksam durchführen.
- … gibt Hinweise zum Zusammenhang zwischen Unterrichtsplanung, Unterrichtsdurchführung und Unterrichtsreflexion bzw. Feedback.
- … stellt Ihnen Ablaufschemata für Besprechungen zur Verfügung.
- … verdeutlicht die Prinzipien an einer beispielhaften Unterrichtsvorbesprechung und einer Unterrichtsnachbesprechung.

Stellen Sie sich als Lehrkraft vor:
Die Studentin Anna hat inzwischen ihre Unterrichtsstunden unter Ihrer Anleitung als Mentor*in durchgeführt, und Sie würden ihr gern ein Feedback zum Unterrichtshandeln geben. Bisher hat Anna sich zwar schon sehr engagiert, aber im Unterricht zeigt sich noch eine große Unsicherheit. Leider passt es nur selten in Ihren persönlichen zeitlichen Ablauf und Ihre Erfahrung zeigt, dass solche Gespräche oft lange dauern und es Ihnen schwerfällt, Kritik zu äußern. Sie fragen sich, wie Sie auch negative Aspekte strukturiert und konstruktiv besprechen können. ◁

Das gemeinsame Gespräch über Unterricht ist eine der zentralen Lerngelegenheiten im Professionalisierungsprozess von angehenden Lehrkräften (Beckmann, 2020). Entsprechend nimmt die Gestaltung von Unterrichtsbesprechungen eine bedeutsame Position in zahlreichen Konzeptionen bzw. Empfehlungen der Begleitung Studierender ein (z. B. Felten, 2005; Futter, 2016; Kreis & Staub, 2008; Niggli, 2004).

> Unter einer **Unterrichtsbesprechung** verstehen wir ein arrangiertes Gespräch zwischen mindestens einer*einem Studierenden und mindestens einer*einem Lehrkräftebildner*in, z. B. Mentor*in, welches der Vorbereitung oder Nachbereitung einer konkreten unterrichtlichen Situation dient. Eine Unterrichtsbesprechung bezieht sich dabei über rein organisatorische Aspekte hinaus auf die konkrete Gestaltung bzw. den Ablauf einer unterrichtlichen Situation, z. B. einer Unterrichtsstunde bzw. einer einzelnen Phase des Unterrichts.

Anders als die direkte unterrichtliche Situation ist eine Vor- bzw. Nachbesprechung von Unterricht von einem sofortigen Handlungsdruck entlastet. So lassen sich in Unterrichtsbesprechungen verschiedene Handlungsoptionen bzw. Reflexionsäußerungen argumentativ gegeneinander abwägen und unterschiedliche Begründungen für Handlungen herausarbeiten, während in einer unterrichtlichen Situation eine unmittelbare Handlungsnotwendigkeit besteht.

Übergreifend bieten Planungs- und Nachbereitungsgespräche zu Unterricht vielfältige Möglichkeiten für Mentor*innen und Studierenden.

In Gesprächen zum Unterricht können Mentor*innen …
- … theoretische Konzepte zur Gestaltung von Unterricht mit praktischen Erfordernissen zusammenbringen.
- … Handlungen von Studierenden und Schüler*innen während des Unterrichts besser verstehen, da diese ergänzend erläutert werden und Begründungen erörtert werden können.
- … sich ihren eigenen handlungsleitenden Überzeugungen bewusst werden, da sie Empfehlungen und Feedback begründen.
- … die Unterrichtsplanung von Studierenden verstehen und durch Feedback und Reflexion verbessern und somit das Lernen der Schüler*innen als eigentliche Kernaufgabe fördern.

In solchen Gesprächen können Studierende …
- … ihre Unterrichtsplanung auf Realisierbarkeit prüfen.
- … neue Informationen über die Klasse und einzelne Schüler*innen erhalten.
- … konkrete und theoretisch begründete Hinweise zur Durchführung des Unterrichts bekommen.
- … über den eigenen geplanten oder durchgeführten Unterricht strukturiert reflektieren.

Trotz dieser Möglichkeiten, die Vor- und Nachbesprechungen von Unterricht zwischen Noviz*innen und Expert*innen mitsichbringen, sind solche Besprechungen nur unter bestimmten Bedingungen lernwirksam. In der Gesprächspraxis zeigen sich auch vielfältige Nachteile bzw. weniger hilfreiche Aspekte.

So werden Unterrichtsbesprechungen teilweise …
- … als evaluativ wahrgenommen und ähneln einer Prüfungssituation.
- … durch Mentor*innen in Bezug auf die Gesprächsanteile, die Auswahl der zu besprechenden Themen und die Art der Gesprächsbeiträge dominiert.
- … sich rein an der jeweiligen Situation orientieren, ohne Möglichkeiten des Transfers auf andere Situationen anzubieten.
- … relativ wenig im Ablauf strukturiert. Damit wird nicht unbedingt die meiste Zeit auch für den wichtigsten Inhalt genutzt.

(Forschungsbefunde: Beckmann et al., 2018; Beckmann, 2020; Brack, 2019; Schnebel, 2012; Schnebel & Kreis, 2014; Vincenz, Beckmann & Ehmke, 2018).

Gestaltungsprinzipien von Unterrichtsbesprechungen

Unterrichtsbesprechungen werden hier als Lerngelegenheit im konstruktivistischen Sinne verstanden. Sie stellen eine Möglichkeit für Studierende bzw. Lehrkräfte im Vorbereitungsdienst dar, in der diese durch Mentor*innen angeregt werden, ihre professionellen Kompetenzen aufzubauen. Um das Gespräch über Unterricht lernwirksam zu gestalten, werden die folgenden Gestaltungsprinzipen empfohlen, die eng mit den Ideen von Partnerschulen (Fraefel, 2011) bzw. vom fachspezifischen Unterrichtscoaching (Kreis & Staub, 2008; Kreis & Staub, 2011; Kreis, 2012) verknüpft sind. Es werden vielfältige Aspekte anderer, von konstruktivistischen Prinzipen geleiteten, Konzepte aufgenommen bzw. sich an diesen orientiert (z. B. TUM-Connect der TU München, Möhringer, Müller & Kleinknecht, in Bearbeitung).

Ko-konstruktive Unterrichtsplanung statt nachträglicher Bewertung

In einer Unterrichtsvorbesprechung ergibt sich die Möglichkeit, dass Sie als Mentor*in …
- … sicherstellen, dass der geplante Unterricht zu den Bedürfnissen der Schüler*innen passt. So vermeiden Sie, dass Studierende/LiVs durch nicht adäquat geplanten Unterricht wertvolle Unterrichtszeit verwenden und dass die Schüler*innen nicht optimal gefördert werden.
- … den Studierenden/LiVs die Sicherheit vermitteln, dass Sie von der gemeinsam geplanten Unterrichtseinheit überzeugt sind. Somit können Sie angehende Lehrkräfte entlasten und damit Unsicherheit reduzieren.
- … die Situation mit mehreren Lehrpersonen in der Lerngruppe gut aufeinander abstimmen. Durch eine Absprache zum Teamteaching erreichen Sie, dass sowohl Sie als auch Studierende/LiVs ihre jeweilige Rolle genau kennen.

Eine Unterrichtsnachbesprechung können Sie ebenfalls lernwirksam für Studierende/LiVs gestalten, wenn Sie insbesondere …

- … die angehende Lehrkraft zu einer vertieften Reflexion anregen. Dies ist beispielsweise dann der Fall, wenn Sie Fragen stellen, die zu einer ausführlichen und begründenden Antwort ermuntern (z. B. „Warum?“ oder „Ich habe das noch nicht genau verstanden. Kannst du es genauer erklären?“).
- … Verbesserungsvorschläge nicht nur nennen, sondern auch begründen. Weiterhin sollten Verbesserungsvorschläge auf einer vorherigen Analyse der Situation beruhen. Sie können damit unterstützen, dass angehende Lehrkräfte nicht nur einzelne Ideen für konkrete Situationen erhalten, sondern allgemeine Muster und Logiken auf andere Situationen übertragen. Wenn Sie Ihre Begründung offenlegen, kann ein*e Studierende*r/LiV leichter nachvollziehen, aus welchen Quellen das verwendete Wissen stammt und woher man weiteres unterrichtsrelevantes Wissen erhalten kann. Schritte einer gelingenden Reflexion von angehenden Lehrkräften sind in Abbildung 4 dargestellt.
- … auf ungefähr ausgeglichene Redeanteile achten, damit Studierende ebenso wie Sie zu Wort kommen.

Abbildung 4: Schritte gelingender Reflexion

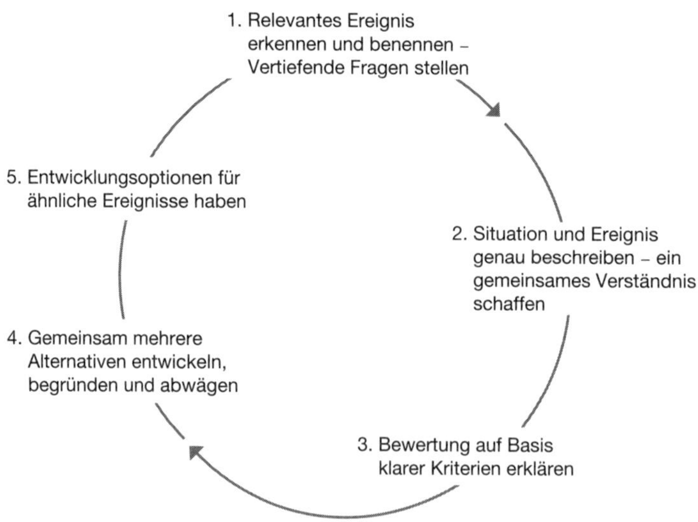

Angepasste und erweiterte Darstellung nach Korthagen (2010)

In Unterrichtsbesprechungen sollten Sie …

- … möglichst wenige pauschale positive und negative Bewertungen vornehmen, da Sie sonst das „Hierarchiegefälle" zwischen sich und der*dem Lernenden in den Mittelpunkt stellen.
- … nur wenige Aspekte einer Bewertung unterziehen, die nicht zuvor entsprechend vereinbart wurden und bei denen die Kriterien der Bewertung unklar sind.
- … nicht summativ und ohne direkten Bezug zur konkreten Stunde bzw. zur konkreten Situation bewerten. Dies ermöglicht für die Lernenden keine Verhaltensänderung, da unklar bleibt, an welcher Stelle diese notwendig ist.

Dauer von Besprechungen

In Studien hat sich gezeigt, dass Gespräche durchschnittlich in etwa 20 Minuten dauern. In einer gut vorbereiteten 20-minütigen Besprechung können in der Regel die wichtigsten Aspekte bearbeitet werden. Eine Gesprächslänge von mehr als 45 Minuten ist in der Regel weniger hilfreich, da sich oft Aspekte wiederholen bzw. zu viele Themen für eine Bearbeitung angesprochen werden. In der Literatur unterscheiden sich die Empfehlungen zur Gesprächslänge stark voneinander (Vincenz et al., 2018).

Gespräche gut vorbereiten

Ein Gespräch ist dann besonders hilfreich und wirksam, wenn Transparenz über die gegenseitigen Erwartungen besteht und wenn die Ziele der Akteure eine gemeinsame Passung aufweisen.
Für eine Unterrichtsvorbesprechung sollten Studierende/LiVs zuvor eine Unterrichtsplanung (bzw. Unterrichtsskizze) (siehe Kapitel 4) schriftlich erstellen und Ihnen als Mentor*in diese, im besten Fall einige Zeit vorher, zur Verfügung stellen. In einer solchen Skizze lässt sich, wie oben beschrieben, auch festhalten, was besonders relevante Gesprächspunkte sind und somit kann sich im Gespräch auf die zentralen Aspekte fokussiert werden.
Für eine Unterrichtsnachbesprechung sollten Sie sich bestenfalls bereits vor der Unterrichtsdurchführung auf Beobachtungskriterien verständigt haben. Anhand dieser können Sie direkt in den inhaltlichen Dialog einsteigen.
Oft steht zu wenig Zeit für die Durchführung ausführlicher Gespräche zur Verfügung. Durch eine Planung, die sich über mehrere Termine erstreckt, können Themen einzelnen Gesprächen zugeordnet werden und somit eine Fokussierung in einzelnen Besprechungen erreicht werden.

Strukturierung des Gesprächs als Unterstützung zur Fokussierung betrachten

Ein Gespräch über Unterricht hat, wie jedes Gespräch, einen zeitlichen Verlauf und eine innere Struktur. Dabei kann eine klar kommunizierte Struktur dabei helfen, dass …

- … mehr Zeit für die wichtigen Aspekte genutzt wird und weniger für die unwichtigen.
- … beide Akteure sich stärker einbringen können, da die Möglichkeiten der Zusammenarbeit transparent sind.
- … Gespräche insgesamt kürzer sind, da eine Struktur hilft, sich auf die zentralen Aspekte zu fokussieren.

Unterrichtsbesprechungen finden häufig in folgender Struktur statt:

1. Eröffnung durch Mentor*in
2. Darstellung der geplanten bzw. gehaltenen Stunde durch Studierende*n
3. Feedback durch Mentor*in
4. Abschluss

Diese Struktur bringt den Nachteil mit sich, dass Studierende oft nur in der Phase der Darstellung in der Besprechung eine aktive Rolle übernehmen, in den anderen Phasen sind Studierende eher in einer passiven Rolle. Im Sinne eines an konstruktivistischen Prinzipien orientieren Mentorings wäre es hingegen Ziel, dass Studierende in allen Phasen des Gesprächs aktiv sind und Vorschläge einbringen.

Daher wird für eine Unterrichtsvorbesprechung hier folgende Strukturierung vorgeschlagen:

1. **Eröffnung des Gesprächs durch Mentor*in**
   - Schaffung von Transparenz über den Gesprächsverlauf und die Erwartungen an das Gespräch
   - Kennenlernen der Unterrichtsskizze bzw. des geplanten Unterrichts anhand einer Vorstellung durch Studierende
   - Gemeinsame Herausarbeitung von besonders relevanten Aspekten der Unterrichtsplanung und Definition von Gesprächsschwerpunkten
2. **Diskussion von Verbesserungsideen und Entscheidungen treffen – anhand der zuvor definierten Schwerpunkte**
   - Diskussion und gemeinsame Weiterentwicklung besonders relevanter Aspekte der Planung
   - Durch gemeinsame Weiterentwicklung werden Studierende/LiVs zu Personen, die den Unterricht ko-konstruieren, und beide Akteure werden dazu angeregt, ihre Beiträge zu begründen.

- In dieser Phase werden die Bestandteile der Unterrichtsplanung, also z. B. die Ziele, besondere didaktische Herausforderungen, Maßnahmen zur Differenzierung oder die Planung konkreter Aufgabenformulierungen, nacheinander diskutiert und entsprechende Entscheidungen getroffen. So wird erreicht, dass angehenden Lehrkräften zwar einerseits die Komplexität von Unterricht bewusst wird, aber diese gleichzeitig lernen, unterrichtliche Prozesse analytisch zu trennen. Grundsätzlich sollte der Schwerpunkt des Gesprächs auf dem Handeln der angehenden Lehrkraft in Situationen liegen, die exemplarisch für Lehrkräftehandeln allgemein sind, die also den Kern der Tätigkeit als Lehrkraft ausmachen.

3. **Vergabe von Rollen im gemeinsamen Teamteaching**
   - In einer zusammenfassenden Phase des Gesprächs wird gemeinsam abgestimmt, wer welche Aufgaben innerhalb des Unterrichts übernimmt.
   - Dies beinhaltet sowohl die Erledigung von Aufgaben vor dem Unterricht als auch die Gestaltung des Teamteachings.
4. **Professionelle Entwicklung**
   - Während die Studierenden/LiVs im Gespräch als Partner*in darin gesehen werden eine gute Lernsituation für Schüler*innen zu schaffen, wird in diesem Gesprächsabschnitt das professionsbezogene Lernen der angehenden Lehrkraft fokussiert.
   - Hierzu werden Beobachtungskriterien und Entwicklungsbereiche definiert. Eventuell kann ein Bezug zu den KMK-Standards für die Lehrerbildung oder zu Kernpraktiken des Unterrichtens hergestellt werden.
5. **Abschluss und Nachbereitung**
   - Im Gesprächsabschluss kann das Gespräch noch einmal kurz reflektiert werden.
   - Nach dem Gespräch werden die Ergebnisse dokumentiert, allgemeine Prinzipien der Unterrichtsplanung abgeleitet und die vereinbarten Aufgaben erledigt.

Für eine **Unterrichtsnachbesprechung** schlagen wir folgende Struktur vor:

1. **Eröffnung des Gesprächs durch Mentor*in**
   - Schaffung des gemeinsamen Erwartungsrahmens an das Gespräch.
   - Darstellung des geplanten Gesprächsverlaufs.
2. **Rückblick auf die Stunde**
   - Durch beide Akteure findet entlang der Unterrichtsplanung ein kurzer Rückblick auf die Stunde statt. Dabei wird ein Gesamteindruck der Stunde gewonnen. Es geht nicht darum, die Leistung der*des Studierenden/LiV zu bewerten.
   - Diese beschreibende Phase dient insbesondere dazu, die Gesprächsschwerpunkte für die kommende Phase zu ermitteln. Dies erfolgt dadurch, dass besondere Situationen, Auffälligkeiten, Abweichungen oder Übereinstimmungen zur Planung herausgearbeitet werden. Auch hier ist es hilfreich, sich auf

Aspekte zu fokussieren, die zum Kern der Tätigkeit als Lehrkraft gehören bzw. deren Beobachtung vorher vereinbart wurde.

3. Schwerpunkte und Verbesserungsideen diskutieren

- Anhand der Themen und Schwerpunkte, die zuvor definiert wurden, wird gemeinsam darüber nachgedacht, was für das jeweilige Thema in der Stunde beispielhaft war bzw. wie Verbesserungsideen aussehen könnten. Es wird also diskutiert, wie entweder die gehaltene Stunde – wenn man die Chance hätte, es noch einmal zu machen – besser gestaltet werden kann oder wie eine folgende Stunde bzw. Situation aussehen könnte, die daran anknüpft.
- Im Gespräch und im Feedback wird jeweilig erst eine Situation analysiert, diese nach der Analyse begründet bewertet und im Anschluss daran Alternativen entwickelt und begründet.

4. Zukunft planen

- Es werden zusammen die nächsten Schritte in Bezug auf das Lernen der Schüler*innen und die professionelle Entwicklung der angehenden Lehrkraft festgelegt.
- Es wird kurz die gemeinsame Gesprächspraxis reflektiert.

Material: Im Anhang zu diesem Kapitel finden Sie zur Unterstützung folgende Materialien:

1. Modell zum Zusammenhang zwischen Unterrichtsplanung, -durchführung und Nachbesprechung
2. Phasenmodell zur Unterrichtsplanung und Unterrichtsvorbesprechung, inkl. Beispiele für Themen und konkrete Formulierungsbeispiele.
3. Phasenmodell zur Unterrichtsnachbesprechung, inkl. Beispiele für Themen und konkrete Formulierungsbeispiele. ◁

Wertschätzung zeigen und ein konstruktives Gespräch ermöglichen

Versuchen Sie, das Gespräch in einer ruhigen Atmosphäre stattfinden zu lassen. Versuchen Sie auch, dass es während des Gesprächs keine Störungen gibt. Nehmen Sie sich lieber etwas weniger Zeit und nutzen diese intensiv, anstatt zwar lange zusammen zu sitzen, dabei aber häufig gestört und abgelenkt zu werden.

Hören Sie sich gegenseitig zu und machen Sie der*dem Gesprächspartner*in dies deutlich, indem Sie zum Beispiel zentrale, verstandene Aspekte spiegeln.

Halten Sie angemessene Kritik nicht zurück. Formulieren Sie Kritik dabei nach Möglichkeit so, dass angehende Lehrkräfte diese für eine Verbesserung des eigenen Handelns nutzen können. Orientieren Sie sich dazu beispielsweise an vorher definierten Kriterien, begründen Sie Kritikpunkte anhand objektivierbarer Maßstäbe und nicht anhand rein subjektiver Meinung. Fokussieren Sie Aspekte, die durch Studierende verändert werden können und beziehen Sie konkrete und dabei begründete Verbesserungsideen in die Kritik mit ein. Wenig geeignet ist Kritik, die sich auf die Person des Lernenden insgesamt bezieht und die nur schwer veränderbare Aspekte umfasst.

Über wichtige Themen sprechen

Unterricht ist vielschichtig und hochgradig komplex. Entsprechend können im Gespräch über Unterricht sehr unterschiedliche Aspekte angesprochen werden.

Wichtige Themen für Unterrichtsbesprechungen sind …
- … Aspekte, die sich auf die Planungsmerkmale beziehen (z. B. Ziele, Lernvoraussetzungen, Methoden) (siehe vorheriges Kapitel).
- ... Aspekte, die sich auf Kernpraktiken von Lehrkräften beziehen, die also für das jeweilige Fach typischerweise immer wieder auftreten und für das Gelingen von Unterricht ausschlaggebend sind.
- … Aspekte, die die Unterstützung der Schüler*innen beim Lernen in den Fokus stellen.
- … Aspekte, in denen allgemeine Prinzipien der Unterrichtsplanung und Unterrichtsdurchführung miteinander verknüpft werden.

Weniger wichtiger sind Themen, die …
- … nur für die spezifische Situation relevant und nicht übertragbar auf andere unterrichtliche Situationen sind.
- … sich auf nicht beobachtbare oder für die*den Studierende*n veränderbare Aspekte beziehen.

Neben der Orientierung und Fokussierung auf die Analyse ausgewählter Situationen im Unterricht bzw. relevanter Kernpraktiken des Unterrichtens kann jeweilig eine Unterrichtsstunde unter einer oder mehrerer spezifischer Perspektiven betrachtet und analysiert werden.
Staub und Kreis (2017) empfehlen (auf der Basis der Arbeiten nach Staub, West und Bickel (2003) bzw. Kreis und Staub (2013)) Unterricht unter vier Kernperspektiven zu betrachten, zu denen jeweilig mehrere Leitfragen für die Analyse zur Verfügung gestellt werden. Diese Leitfragen lauten (sprachlich leicht an die Situation in Deutschland angepasst) wie folgt:

Klärung der Fachinhalte und Lernziele bzw. angestrebte Kompetenzen der Unterrichtssequenz

- Welches sind die Lernziele bzw. angestrebte Kompetenzen der Unterrichtssequenz?
- Welches sind die zentralen Fachbegriffe in der Unterrichtssequenz?

- Sollen die Schülerinnen und Schüler in der Unterrichtssequenz bestimmte Strategien, fachspezifische Arbeitsweisen erlernen?
- Welches Lernziel oder welche Lernziele/Kompetenzen haben in dieser Unterrichtssequenz Priorität?
- Wie werden den Schülerinnen und Schülern die Ziele und Erwartungen transparent gemacht?

Einordnung der Unterrichtssequenz in thematische Einheit und Lehrplan bzw. Kerncurriculum

- Auf welche Kompetenzen des Lehrplans bzw. des Kerncurriculums wird mit dieser Unterrichtssequenz hingearbeitet?
- Wurden oder werden die Lerngegenstände der Unterrichtssequenz auch zu einem anderen Zeitpunkt mit den Schüler*innen bearbeitet?

Vorwissen und mögliche Schwierigkeiten der Schüler*innen

- Welche für die Unterrichtssequenz relevanten inhaltlichen Konzepte wurden mit der Klasse bzw. Lerngruppe bereits bearbeitet?
- Welche Strategien bzw. fachspezifischen Arbeitsweisen können bei den Schüler*innen bereits vorausgesetzt werden?
- Welche Erfahrungen und Vorstellungen (Präkonzepte) sind zu diesem Thema bei den Schüler*innen vorhanden oder zu erwarten, woran kann angeknüpft werden?
- Welche Schwierigkeiten sind zu beobachten oder könnten bei den Schüler*innen auftreten?

Unterrichtsgestaltung zur Unterstützung der Lernprozesse

- Welche Sozialformen und Unterrichtsmethoden werden eingesetzt, um das Erreichen der Lernziele zu unterstützen?
- Wie wird der Einstieg in die Unterrichtssequenz gestaltet?
- Mit welchen Aufgaben sollen die Schüler*innen die Lerninhalte und Lernziele bearbeiten und erreichen?
- Wie lauten die konkreten Auftragsformulierungen bzw. Arbeitsanweisungen?
- Welche Veranschaulichungen, Modelle oder Unterrichtsmedien werden verwendet?
- Wie werden die unterschiedlichen Lernvoraussetzungen der Schüler*innen berücksichtigt? Wie werden Schüler*innen mit besonderen Schwierigkeiten unterstützt? Welche zusätzlichen und herausfordernden Aufgaben gibt es für Schüler*innen, welche die Anforderungen bereits erfüllt haben?
- Wie werden Möglichkeiten geschaffen, damit Schüler*innen ihre Vorstellungen und ihr Denken äußern können?

- Wie werden die Schüler*innen angeregt und unterstützt, fachbezogen zu argumentieren und respektvoll auf die Überlegungen anderer einzugehen?
- Wie soll neu aufgebautes Wissen gefestigt werden?
- Wie wird sichtbar, ob die Schüler*innen die Lernziele erreicht haben (Lern-/Leistungsdiagnose)?
- Wie wird das Erreichte gewürdigt?
- Wie wird beurteilt, inwiefern die Schüler*innen die Lernziele erreicht haben?
- Wie viel Zeit wird für die einzelnen Phasen der Unterrichtssequenz veranschlagt?
- Ist die Gestaltung der Unterrichtssequenz auf die wichtigsten Lernziele ausgerichtet?

Für eine Unterrichtsbesprechung können dabei einzelne Fragen herausgenommen und an die jeweilige Situation angepasst werden.

Beispielhafte Umsetzung einer Vor- und Nachbesprechung

Die zuvor dargestellten Prinzipien werden im Folgenden beispielhaft an einer Unterrichtsvor- und Nachbesprechung zu der in Kapitel 4 dargestellten Unterrichtsskizze (Löwenstunde) aufgezeigt.
Diese Vorbesprechung und Nachbesprechung sind dabei als eine „good-practice" zu verstehen. Sie sind also nicht „perfekt", aber entsprechen bereits in ihrer dargestellten Form einer Vielzahl der oben dargestellten Kriterien. Die in den Besprechungen eingefügten Expertenkommentare sollen dazu anregen, über weitere Verbesserungen nachzudenken.

Vorbesprechung „Löwenstunde"

Begrüßung und Darstellung der Gesprächsstruktur

Mentorin:	Du hast dir was für die Stunde nächste Woche überlegt?
Studierende:	Ja, genau.
Mentorin:	Ok, dann schauen wir uns gleich mal deine Skizze an und sprechen über einzelne Punkte. Vielleicht können wir zum Schluss noch einen Beratungsschwerpunkt festlegen, auf den du und ich besonders in der Stunde achten.

Die Mentorin erläutert knapp den Verlauf der Vorbesprechung. Was sie noch ergänzen könnte:
– Wie viel Zeit sie für das Gespräch hat?
– Was ihr vom letzten Mal noch als besonders zentral in der Entwicklung der Studentin erscheint.
– Was sie an konkreten Fragen an die Studentin hat, z. B. „Wo in der Planung hast du Beratungsbedarf?"

Darstellung der Unterrichtsskizze

Studierende: Ok, dann fange ich mal an mit der Struktur meiner Stunde: Ich möchte gerne an das Thema „Freunde“ und „Briefe schreiben“ anknüpfen und habe mir überlegt „Die Geschichte vom Löwen, der nicht schreiben konnte“ als Schreibanlass zu nehmen. Als erstes würde ich mit den Kindern besprechen, dass es jemanden gibt, der ihre Hilfe braucht und, dass nur sie das Problem lösen können, um alle Schüler*innen zu aktivieren. Die Geschichte würde ich dann mit visueller Unterstützung vorlesen und anschließend mit den Kindern besprechen, was typisch ist für einen Löwen und was er schreiben würde. Dann müsste ich noch grob besprechen, wie man einen Brief anfängt und was am Schluss stehen muss.

Mentorin: Ja, das klingt doch gut. Hast du dir überlegt, welchen Schwerpunkt du für die Schüler*innen setzen möchtest?

Die Mentorin fragt hier genauer nach, was sie nicht verstanden hat. „Schwerpunkt“ ist dabei jedoch unspezifisch. Sie könnte stattdessen z. B. fragen, was die Schüler*innen in der Einheit lernen sollen, da das Lernziel der Stunde weiter offen bzw. diffus bleibt. Die Mentorin bewertet („klingt doch gut“), obwohl hier noch keine Bewertung durch sie erfragt ist. Sie baut durch ihre Bewertung auch ein Machtgefälle auf – sie könnte stattdessen nur weiter nachfragen, was sie nicht verstanden hat oder noch an Informationen braucht.

Studierende: Ja, Schwerpunkt: adressatenbezogenes Schreiben. Sie sollen sich in die Lage des Löwen versetzen, also eine Perspektivübernahme einnehmen.

Diskussion und Bearbeitung ausgewählter Schwerpunkte

Mentorin: Das ist vielleicht in der ersten Klasse noch etwas schwer, aber wenn du es gut anleitest, könnten sie das schaffen. Die Perspektivübernahme musst du ihnen gut deutlich machen. Ok, dann müsstest du dir das Stundenziel und den Arbeitsauftrag überlegen und genau aufschreiben. Ist immer besser für dich und auch für die Schüler*innen, weil du dich dann in der Stunde nicht verhaspelst und der Auftrag automatisch klarer wird.

Das Stundenziel als Ausgangspunkt weiterer Überlegungen zu nehmen, ist elementar. Die Mentorin könnte an dieser Stelle jedoch auch schon davon ausgehen, dass die Studentin bereits ein Stundenziel formuliert hat. Sie erfragt dies vorher nicht. Wenn sich die Mentorin und die Studentin grundsätzlich darauf verständigen würden, wie eine Besprechung vorbereitet wird (z. B. dass immer die Ziele der Stunde schriftlich vorliegen und immer ein Bezug zum Lehrplan bzw. Kerncurriculum hergestellt wird), könnte sie davon ausgehen, dass es vorliegt.

Studierende: Ja, mache ich und zeige es dir dann morgen, da war ich noch unsicher.

Mentorin: Wenn du Hilfe brauchst, sag Bescheid, aber grundsätzlich bin ich Fan davon, wenn die Studierenden es erst mal selbst versuchen und wir dann darüber sprechen, so lernst du mehr.

Auch hier könnte die Mentorin ihre Wertschätzung für die Arbeit der Studentin eher zum Ausdruck bringen, indem sie die Ernsthaftigkeit der Vorbereitung durch die Studentin stärker wahrnimmt, z. B. indem sie sagen könnte: „Ok, dann mach du für dich einen ersten Aufschlag für das Lernziel der Stunde. Wir arbeiten dann zusammen daran weiter."

Studierende: Ja, ok. Als Beobachtungsschwerpunkt möchte ich gerne die Differenzierung nehmen. Um dann mal weiter zu gehen in der Stunde, würde ich nach der Einführung im Sitzkreis die Kinder dann in die Arbeitsphase schicken, in der sie eben diese Perspektivübernahme einnehmen müssen, um aus der Sicht des Löwen einen Brief an die Löwin zu schreiben. Und da würde Differenzierung erforderlich sein.

Mentorin: Ok, dann lass uns mal darüber sprechen. Hast du da eine Idee?

Die Studentin kommuniziert ungefragt einen Schwerpunkt für die Beobachtung und die Mentorin akzeptiert diesen. Dies muss sie nicht tun, sie könnten sich auch verständigen. Die Mentorin fragt die Studentin nach Ideen, hier wäre es hilfreicher für das gemeinsame Verständnis, wenn die Mentorin auch darum bitten würde, die Idee zu begründen.

Studierende: Ich habe mir überlegt, dass das erste Blatt nur vorgegebene Linien hat und mit „Lieber…" anfängt und sonst nichts draufsteht. Die zweite Version wäre dann mit verschiedenen Satzanfängen, damit die Schüler*innen diese nur beenden und sich nicht selbst was ausdenken müssen. Und für die Kinder, die gar nicht eigenständig schreiben können, wollte ich ein Wörter-Knickdiktat machen mit den passenden Begriffen, und vor den Begriffen ist jeweils dann das Tier oder Symbol gemalt, damit sie wissen, was das Wort bedeutet. Meinst du das ist okay?

Mentorin: Ja, das klingt gut überlegt. Das hilft bestimmt beim Schreiben, aber nicht für die Perspektivübernahme in die Rolle des Löwen. Vielleicht fällt dir noch eine andere Differenzierung für diese Schwierigkeit ein?

Die Studierende fügt bereits unaufgefordert Begründungen ein, und es könnte sich eine gemeinschaftliche Weiterentwicklung der Unterrichtsplanung im Gespräch zeigen. Die Mentorin zeigt auch ein weiteres Problem („Perspektivübernahme") auf und ermuntert, hier eine Differenzierung zu planen.

Studierende: Ne, nicht so wirklich.

Mentorin: Man könnte es auch mit Tippkarten machen, dann sind sie nicht so eingeschränkt. Kennst du, oder? – Wobei ich mir jetzt auch noch sicher bin, ob das bei der Perspektivübernahme hilft.

Studierende:	Ja. Da stehen dann Wörter oder Satzanfänge drauf, richtig?
Mentorin:	Ja genau. Kannst du dir aber überlegen. Wichtig ist immer, dass man sich darüber im Klaren ist: Was können meine Schüler*innen und daran passt du die Differenzierung an. Zeige mir dann die Differenzierung nochmal, wenn sie fertig ist. Und das mit dem Knickdiktat halte ich für sinnvoll, weil die Kinder, die noch nicht eigenständig Sätze schreiben können, erst die Wörter lernen müssen, und das können sie dadurch.

In Bezug auf das „Knickdiktat" begründet die Mentorin ihre Bewertung. Auch liefert sie „Checkfragen", an denen die Studierende ihre Planung selber prüfen kann. Beides ist hilfreich. Unklar ist, warum „die Studentin sich überlegen" soll, ob sie Tippkarten einsetzen möchte – wenn dieses Vorgehen für das Lernen der Schüler*innen angemessener ist, dann kann man sich auch direkt darauf verständigen, es umzusetzen, z. B. „Ich halte Tippkarten für angemessener, da dann die Schüler*innen nicht so eingeschränkt sind und wir eine breitere Leistungsheterogenität abdecken. Spricht aus deiner Sicht etwas dagegen? Ansonsten würde ich sagen, dass wir das so machen."

Studierende:	Ja gut, mache ich.
Mentorin:	Und zum Schluss sollen dann bestimmt einige Kinder ihren Brief vorlesen?
Studierende:	Ja, so hatte es ich mir gedacht.
Mentorin:	Vielleicht fällt dir da was ein, was du mit den ganzen anderen Briefen machst? Oder sollen die Kinder sie behalten?

Die Mentorin scheint davon auszugehen, dass sich die Studentin noch keine Gedanken zu dieser Frage gemacht hat. Sie könnte stattdessen wertschätzender fragen: „Was sollen die anderen Kinder mit ihren Briefen machen?"

Studierende:	Naja, ich dachte, ich könnte die einfach einsammeln, wie so eine Art Dschungelpost, und dann sollen sie ja auch in der folgenden Stunde eine Antwort bekommen von der Löwin. Ich würde also Antwortbriefe schreiben.
Mentorin:	Das finde ich super, dann merken sie gleich, dass das Format Brief zu beantworten ist. Ja, ok, mach das ruhig so. Wobei es natürlich sehr viel Arbeit für dich ist und du gut mit deiner Zeit haushalten musst.

Hier begründet die Mentorin ihre Wertung mit einer fachlichen Einschätzung.

Studierende:	Ok gut. Hast du sonst noch eine Idee, wie ich es „kindgerechter" gestalten kann? Irgendwie fehlt mir noch was.
Mentorin:	Die fahren ja total auf unser Klassenmaskottchen ab, vielleicht kannst du eine Handpuppe oder sowas in der Art als Löwen besorgen – dann hast du ihre Aufmerksamkeit sicher. Die lieben Stofftiere und möglicherweise können sie sich die Perspektivübernahme so besser vorstellen, weil sie den Löwen dann direkt vor Augen haben und er dadurch greifbarer ist.

Die Studentin scheint sich unsicher zu sein, ob es „kindgerecht" genug ist, und die Mentorin antwortet mit einer Einschätzung zur „Aufmerksamkeit". Hier könnte die Mentorin, bevor sie direkt eine Idee einbringt, erst einmal erfragen, was die Studentin mit „kindgerecht" meint, was der Studentin „genau fehlt", z. B. Sorge vor mangelnder Motivation, vor mangelnder Passung zum Leistungsstand, vor mangelnder Aufmerksamkeit, etc.

Studierende: Ich schaue mal, wo ich einen herbekomme, aber gute Idee. Dann kann ich damit auch meine Stunde eröffnen.

Definition von Aufgaben

Mentorin: Ok, dann halten wir grob fest: du zeigst mir morgen noch dein Stundenziel und die Aufgabenstellung, und der Beratungspunkt ist die Differenzierung. Ich achte dann in der Stunde besonders darauf und das wird auch unser Ansatzpunkt in der Nachbesprechung. Hast du noch Fragen oder weißt du jetzt alles für die Stunde?

Die Mentorin fasst die Ergebnisse noch einmal zusammen. Sie könnte an dieser Stelle noch auf die Aufgabenteilung in der Stunde eingehen, z. B. „Du machst das alleine und ich greife ein, wenn es Probleme gibt." oder „Ok, du moderierst dann und wir beide begleiten die Kinder individuell an ihren Arbeitsplätzen.".

Abschluss

Studierende: Ich glaube, das ist ok so. Danke.

Nachbesprechung „Löwenstunde"

Eröffnung

Mentorin: Dann lass uns mal anfangen. Wir haben ja den Beratungsschwerpunkt Differenzierung in der Vorbesprechung festgelegt. Deswegen würde ich vorschlagen, dass wir damit beginnen. Aber vorab noch die Frage, was deine Ziele für das Gespräch sind und welche Themengebiete du besprechen möchtest?

Die Mentorin geht hier auf den in der Vorbesprechung festgelegten Beratungsschwerpunkt ein. Dabei gibt sie der Studentin die Möglichkeit, ihre Vorstellungen für das Gespräch zu äußern. Sie sollte noch einen zeitlichen Rahmen festlegen.

Studierende: Ja, das mit der Differenzierung klingt gut. Ich würde darüber hinaus auch noch gerne über die Unterrichtsstörungen reden und mir mit dir gemeinsam Möglichkeiten der Verbesserung überlegen. Das hat mich schon sehr gestört heute. Als Ziel wünsche ich mir vor allem, von dir ein paar Tipps zu bekommen, was ich besser machen kann.

Mentorin: Ok, das Thema machen wir dann nach der Differenzierung. Ich bin nicht ganz sicher, ob ich wirklich so gute Tipps habe – das hängt ja auch immer stark von der Situation ab. Aber wir können für unsere konkrete Situation überlegen, was eventuell geholfen hätte. Willst du vielleicht starten mit deinen Beobachtungen zum Thema Differenzierung und dann sprechen wir gemeinsam drüber?

Rückblick auf die Stunde

Studierende: Ja gerne. Also ich fand, das hat eigentlich gut funktioniert, aber einige Kinder hatten Probleme den Anfang der Sätze überhaupt zu lesen, und wieder anderen ist es schwergefallen, überhaupt alleine etwas zu schreiben ohne eine Hilfe. Ich musste viel hin und her gehen, um einzelnen Kindern zu helfen. Das war anstrengend.

Mentorin: Ja, da hätten wir in der Vorbereitung noch differenzierter planen können und vielleicht hätten wir es besser voraussehen können. Das ist mir auch aufgefallen. Lass uns mal zusammen überlegen, wie es beim nächsten Mal anders laufen kann.

Die Mentorin gibt einen Anreiz, den Beratungspunkt nochmal zu rekapitulieren und schlägt eine gemeinsame Erarbeitung der Verbesserung vor. Durch die frühe und enge Themensetzung im Dialog kommt es nicht dazu, dass das Gespräch bereits früh zerfällt, sondern es findet direkt einen Entwicklungsschwerpunkt.
In der Sprache wird deutlich, dass beide gemeinsam die Stunde hätten besser planen können, und es findet keine Abwertung der Planungsleistung der Studierenden statt.

Verbesserungsideen entwickeln

Studierende: Ich glaube, die Differenzierung hätte noch leichter sein müssen, und ich glaube, Tippkarten wären gut gewesen, weil die Kinder mich dann nicht ständig hätten ansprechen müssen.

Mentorin: Ja, richtig, damit ersparst du dir viel Redeanteil und es ist ja auch kein Muss für alle. Kinder, die das so hinbekommen, müssen die Tippkarten ja nicht nutzen.

Die Mentorin erläutert hier, warum sie Tippkarten für einen geeigneten Lösungsansatz hält. Sie bleibt damit nah an den Ideen der Studierenden. Sie hätte an dieser Stelle auch noch einmal grundsätzlicher das Thema Differenzierung ansprechen und z. B. erst noch einmal verschiedene Strategien von Differenzierung gegeneinander abwägen können. Somit hätten sie eventuell die Ebene konkreter Tipps verlassen und stattdessen allgemeingültige Handlungsstrategien entwickelt.

Studierende: Bei der nächsten Gelegenheit möchte ich das gerne mal mit den Tippkarten ausprobieren. Die Kinder wären dann auch freier gewesen, was zu schreiben.

Mentorin: Mir ist zusätzlich aufgefallen, dass die Kinder teilweise die ganze Zeit mit dem Lesen der Satzanfänge beschäftigt waren und gar nicht ohne Hilfe weiter kamen. Oder was mir auch noch einfällt, wenn keine Tippkarten, dann kann man auch Streifen mit Satzanfängen vorbereiten und die Kinder ziehen sich welche.

An dieser Stelle vermischt die Mentorin ihre Beobachtung mit einer neuen Umsetzungsidee, obwohl hiernach eigentlich gar nicht mehr gefragt war.

Studierende: Ja, da hätten vorbereitete Karten oder Satzanfänge das Lesen entlastet. Die könnte man ja auch in der Einführung gemeinsam besprechen.

Mentorin: Ja genau, das wäre eine Möglichkeit. – Ich würde sagen, es reicht zu dem Thema. Oder?

Die Mentorin macht deutlich, dass das Thema jetzt für sie abgeschlossen ist, eröffnet aber eine Möglichkeit, dass die Studentin sich noch äußert.

Weiterer Schwerpunkt zur Bearbeitung

Studierende: Ja, vorerst schon, ich würde dann gerne mit den Unterrichtsstörungen weitermachen.

Mentorin: Ja, ok. Vielleicht sagst du einmal, was dir aufgefallen ist und was dich gestört hat. Am besten sagst du noch nicht, welche Begründungen du im Kopf hast und was du dir als Alternativen überlegst. Zuerst nur beschreiben.

Die Mentorin strukturiert klar den weiteren Verlauf der Besprechung und gibt der Studierenden die Chance der strukturierten Reflexion.

Studierende: Gerne. Mir ist es total schwergefallen, sie in der Erarbeitung vorne ruhig zu bekommen, nachdem alle angefangen haben, mit Fingerpistolen zu schießen. Da wusste ich nicht genau, wie ich damit umgehen soll. Ich habe einfach gesehen, dass die Klasse mir nicht richtig folgt.

Mentorin: Ja, ok. Die Einschätzung teile ich. So ungefähr war es wohl, sie haben nicht richtig zugehört und sich stattdessen anders beschäftigt. Hast du mögliche Erklärungen, warum das passiert ist? Was könnte die Schüler*innen daran gehindert haben, sich zu konzentrieren?

Die Mentorin leitet den nächsten Schritt einer strukturierten Reflexion an, indem sie nach möglichen Erklärungen fragt.

Studierende: Ja, so genau weiß ich das jetzt auch nicht. Ich kann mir vorstellen, dass es am Arbeitsauftrag lag, also vielleicht war der nicht leicht oder schwer genug. Oder es lag vielleicht an der Gruppenzusammensetzung, dass die spezifischen Kinder nicht zueinander passten. Weiß nicht. Oder die wollten bei mir Grenzen austesten. Hm.

Mentorin: Ja, genau. So leicht ist es oft gar nicht, herauszuarbeiten, warum bestimmte unterrichtliche Prozesse so ablaufen, wie sie ablaufen. Oft stochern wir im

Nebel – aber über die Zeit bekommt man ein Gespür dafür. Meine Hypothese ist, dass es einerseits mit deinem Auftreten als Lehrkraft und andererseits mit der Aufgabe an sich zu tun hat. Die war vermutlich nicht ganz passend für die Schüler*innen. Ich weiß aber auch nicht sicher, ob es nur daran lag. Ich würde da jetzt zwei Sachen vorschlagen: Erstens unterstütze ich dich in Zukunft in solchen Situationen noch etwas stärker. Ein sicheres Standing vor der Klasse entwickelt sich erst über die Dauer, und da können die Schüler*innen ruhig sehen, dass wir als Team agieren. Zweitens arbeiten wir jetzt zusammen noch einmal daran weiter, wie wir die Aufgabe verbessern könnten. Was meinst du?

Die Mentorin schließt sich teilweise den Erklärungen der Studentin an, jedoch systematisiert sie weiter. Außerdem lenkt sie den Fokus direkt auf die Aufgabenentwicklung und damit auf einen Aspekt, den die Studentin tatsächlich im Praktikum bearbeiten kann und der zu ihrem Entwicklungsstand passt. Dies ermöglicht im weiteren Verlauf einen Austausch über die Qualität von Aufgaben.

Ziele für die Zukunft

Studierende: Ja, ok.

Mentorin: Ok. Also, meinst du, die Aufgabe hat zu den Schüler*innen gepasst? Warum? Warum nicht?

Studierende: Nun, ja. Also zuerst fanden sie es, glaube ich, durchaus interessant. Da waren sie ja auch still. Aber nach ein paar Minuten waren sie abgelenkt. Ich glaube, ein Teil der Schüler*innen war einfach schon fertig mit ihrer Teilaufgabe. Und dann haben sie es nicht geschafft, sich der nächsten Teilaufgabe zuzuwenden.

Mentorin: Ja, da haben wir doch einen wichtigen Punkt. Eventuell war unsere Untergliederung der Teilaufgaben nicht günstig gewählt. Da könnten wir nächstes Mal noch mehr drauf achten. Hast du dann noch was zu den Unterrichtstörungen?

An dieser Stelle könnte die Mentorin mit der Studentin verschiedene Kriterien für gute Aufgaben entwickeln, die die Studierende als eigene Checkliste immer wieder nutzen könnte.

Studierende: Ne, ich glaube nicht. Fällt dir noch was ein, worüber wir unbedingt reden müssen?

Mentorin: Das ist eigentlich kein richtiger Gesprächspunkt, aber mir ist im Laufe der Stunde aufgefallen, dass wir in der Vorbereitung gar nicht mehr über den Einsatz des Löwen gesprochen haben, sondern nur, dass es einen geben könnte.

Studierende: Ja stimmt, den habe ich dann besorgt und ihn einfach eingesetzt, und wir haben nicht nochmal darüber geredet.

Mentorin: Der war ja als Anreiz und für die Aufmerksamkeit gedacht und da wäre, glaube ich, mehr Einsatz vom Löwen möglich gewesen. Damit hätte man

> die Aufmerksamkeit über eine längere Phase aufrechterhalten können, indem man ihn sprechen lässt und darüber kann man dann auch ganz wunderbar die Lautstärke der Klasse regeln. Wenn man aus der Sicht des Löwen spricht und sagt, dass es zu laut ist, reagieren die Kinder eher. Das ist mir noch eingefallen.

Dieses Thema hätte man für eine gelingende Unterrichtsbesprechung jetzt nicht mehr gebraucht, da die besprochenen Punkte bereits abgearbeitet waren. Gleichzeitig ist es inhaltlich ein guter Hinweis und ein inhaltlich wichtiger Punkt. Wenn man ihn noch ausführlich diskutieren möchte, hätte man ihn bereits früher als Schwerpunkt einführen können.

Abschluss

Studierende: Oh ja, stimmt, das ist eine gute Idee.
Mentorin: Ok, also aus meiner Sicht wäre es das. Hast du noch was?
Studierende: Jetzt aktuell nicht.
Mentorin: Gut, dann sollten wir uns vor der nächsten Stunde wieder kurz zusammensetzen. Für mich ist das immer bereichernd.

Reflexions- und Aufgabenteil

Aufgaben zum Fallbeispiel

- Bearbeiten Sie nacheinander folgende Fragen:
  - Wählen Sie sich einen Fokus, unter dem Sie das Gespräch untersuchen wollen (z. B. Themenführung durch die Akteure, Strukturierung des Gesprächs, Ko-Konstruktivität, Qualität der Reflexionen bzw. des Feedbacks).
  - Woran erkennen Sie, dass Ihr Fokus im Gespräch (nicht) umgesetzt wird?
  - Wie könnte das Gespräch in Bezug auf Ihren Fokus verbessert werden?
  - Was nehmen Sie sich für Ihre eigene Gesprächsführung vor?
  - Was könnten Sie der von Ihnen begleiteten angehenden Lehrkraft sagen, damit Sie gemeinsam ihre Gespräche entsprechend verbessern können?
  - Beispiele für einen Beobachtungsfokus:
    - Wie und durch was wird das Gespräch strukturiert?
    - Wer bringt auf welche Art neue Themen in das Gespräch ein?
    - Wie verteilen sich die Redeanteile zwischen den beiden Gesprachsteilnehmer*innen?
    - Wie entwickeln die Gesprächsteilnehmer*innen neue Ideen?
    - Inwiefern werden Aussagen durch die Gesprächsteilnehmer*innen begründet und inwiefern folgen sie einer Struktur der Analyse – Situationsbewertung – Entwicklung von Alternativen? ◁

Reflexionsanregungen für Mentor*innen

- Denken Sie an ein konkretes Gespräch über Unterricht zurück, dass Sie zum Beispiel als Mentor*in im Vorbereitungsdienst oder von Studierenden durchgeführt haben. Führen Sie sich das Gespräch noch einmal vor Augen. Was ist Ihnen leichtgefallen? Was ist Ihnen schwergefallen?
- Überlegen Sie sich konkrete Maßnahmen, wie Sie die Gesprächssituationen für die von Ihnen begleiteten Studierenden und sich selber verbessern können. Beispiele dafür sind: Fester Zeitpunkt; vorab festgelegte Länge; ungestörter Ort. ◁

Aufgaben für Studierende/Lehrkräfte im Vorbereitungsdienst

- Falls Sie noch keine Erfahrungen haben, Unterrichtsgespräche zu führen, üben Sie dies mit einer*einem Tandempartner*in. Achten Sie dabei auf eine klare Rollenverteilung, um sich in die Rolle der Mentorin bzw. des Mentors hineinversetzen zu können. ◁

Literaturempfehlungen

Kreis, A. (2012). *Produktive Unterrichtsbesprechungen. Lernen im Dialog zwischen Mentoren und angehenden Lehrpersonen.* Bern: Haupt.

Kreis, A. & Staub, F. (2017). *Kollegiales Unterrichtscoaching. Ein Instrument zur praxissituierten Unterrichtsentwicklung.* Kronach: Carl Link.

Hennissen, P., Crasborn, F., Brouwer, N., Korthagen, F. & Bergen, T. (2008). Mapping mentor teachers' roles in mentoring dialogues. *Educational Research Review*, 3(2), 168–186. https://doi.org/10.1016/j.edurev.2008.01.001

Kreis, A., Lügstenmann, G. & Staub, F.C. (2008). *Kollegiales Unterrichtscoaching als Ansatz zur Schulentwicklung.* Schlussbericht zur Pilotstudie Peer Coaching. Kreuzlingen: PHTG.

Anhang zum Kapitel
Arbeitsmaterial: Übersichten und Beispielabläufe zu Unterrichtsvor- und Nachbesprechungen

Unterricht gemeinsamen planen, durchführen & nachbesprechen

	Wer macht was?	Was sind die Leitfragen?	Was kann helfen?	Was sollte das Ergebnis sein?
1 Unterrichtsplanung vorbereiten	Studierende*r/LiV entwickelt einen Entwurf für eine Unterrichtsstunde	• Was sollen die Schüler*innen lernen? • Wie ist das Thema fachlich strukturiert? • Wie knüpft das Thema an das Vorwissen an und was müsste danach kommen? • Wie erfolgt die methodische Umsetzung? • Was sind die Lernaufgaben für die Schüler*innen? • Wie wird auf die Heterogenität in der Lerngruppe eingegangen? • Welche besonderen Herausforderungen bestehen bei der Umsetzung für die*den Studierende*n?	• Kerncurricula • Pläne/Portfolios etc. der Schule • Fachdidaktische Bücher • Vorlage Unterrichtsplanung	• Eine an den Lernvoraussetzungen der Mitglieder der Lerngruppe orientierte Planung • Konkrete Fragen an die Planung durch Studierende*LiV
2 Unterrichtsplanung im Gespräch weiterentwickeln	Studierende*r/LiV und Mentor*in entwickeln gemeinsam ausgewählte Aspekte des Unterrichtsentwurfs weiter	• Was sind die Fragen der*des Studierenden/LiV zur Unterrichtsplanung? • Sieht die*der Mentor*in Alternativen zur Planung, und warum sind diese besser geeignet? • Auf was soll die*der Mentor*in besonders achten? • Wie ist die Aufgabenteilung während der Stunde?	• Feste Zeit und fester Ort • Ruhige Atmosphäre • Verständigung über Ziele des Gesprächs • Beispielablauf Gespräch	• Eine Unterrichtsplanung von der beide Akteure überzeugt sind, dass diese das Lernen der Schüler*innen unterstützt • Eine Aufgabenteilung für die weitere Vorbereitung und den Unterricht • Beobachtungskriterien für die spätere Reflexion der Stunde

	Wer macht was?	Was sind die Leitfragen?	Was kann helfen?	Was sollte das Ergebnis sein?
Unterrichten	Studieren-de*r/LiV und Mentor*in unterrichten in der verein-barten Form			• Lernen bei Schü-ler*innen und Studierenden • Gemeinsamer Unterricht • Beobachtungen, die im Anschluss diskutiert werden können
3 Unterricht im Gespräch nachbereiten	Studieren-de*r/LiV und Mentor*in re-flektieren die Stunde, geben Feedback und entwickeln Anschlussent-würfe	• Was hat das Lernen der Schüler*innen besonders unterstützt und warum wurden die Ziele (nicht) erreicht? • Was ist in Bezug auf die definierten Beobachtungs-kriterien aufgefallen, war-um ist dies wichtig und wie könnte die Lernsituation verbessert werden? • Was sind die nächsten Ent-wicklungsschritte für die Schüler*innen und die*den Studierende*n LiV?	• Feste Zeit & fester Ort • Ruhige Atmo-sphäre • Verständi-gung über Ziele des Gesprächs • Beispielablauf • Beobach-tungsbogen aus der Stunde • Reflexionsan-regungen	• Geteiltes Bild der Unterrichtswahr-nehmung • Verständigung über gelungene und weniger ge-lungene Aspekte in der Unterrichts-umsetzung, inkl. Begründungen • Begründete Ideen für die Weiter-arbeit mit Schü-ler*innen und Studierenden

Beispielablauf Unterrichtsvorbesprechung

	Ziel der Phase	Themen der Phase	Beispielhafte Satzanfänge
1 Unterrichtsbesprechung vorbereiten	• Studierende*r/LiV entwickelt eine Skizze für eine Unterrichtsstunde • Studierende*r hat Fragen zur Skizze, zur Zusammenarbeit und zur eigenen Entwicklung	• Ziele der Stunde • Fachlicher Inhalt • Einordnung in Curricula • Methoden & Zeit • Heterogenität der Lerngruppe • Herausforderungen bei der Umsetzung	
2 Gespräch eröffnen	• Abklärung des Erwartungsrahmens • Verständigung über Schwerpunkte • Kennenlernen der Planungsskizze	• Zeitplanung des Gesprächs • Festlegung inhaltlicher Schwerpunkte bei der Weiterentwicklung der Stunde	• Ich würde vorschlagen, dass wir unser Gespräch wie folgt strukturieren … • Für diese Vorbesprechung habe ich 20 Minuten Zeit. • Was sind deine Ziele für das Gespräch? • Wie fördert deine Idee das Lernen der Schüler*innen? • Warum möchtest du das so machen?
Verbesserungsideen diskutieren & entscheiden	• Diskussion und Weiterentwicklung besonders relevanter Aspekte der Planung • Verknüpfung von konkreten Ideen zur Unterrichtsgestaltung mit Begründungen für die jeweilige Idee • Festlegung auf gemeinsam getragene Unterrichtsplanung	• Bearbeitung der inhaltlichen Schwerpunkte mit Fokus auf das Lernen der Schüler*innen	• Die Idee XY bietet den Schüler*innen die Möglichkeit, dass sie … • Warum meinst du, ist es notwendig, dass … • Zur Erreichung des Stundenziels wäre es sinnvoll, wenn XY – weil …

	Ziel der Phase	Themen der Phase	Beispielhafte Satzanfänge
Aufgaben definieren	• Absprachen zur Aufgaben- und Rollenverteilung während der Stunde • Absprachen über noch zu erledigende Aufgaben in der Vorbereitung	• Aufgabenverteilung vor und während des Unterrichts • Konkrete Abstimmung des Teamteaching	• Welche Aufgaben stehen noch an? • Hast du eine Vorstellung von meiner Rolle während der Stunde? • Wie wollen wir uns die Aufgaben in der Stunde aufteilen?
Entwicklung der*des Studierenden/LiV	• Professionsbezogenes Lernen der*des Studierenden/LiV anregen • Beobachtungskriterien für die Stunde festlegen	• Beobachtungskriterien • Entwicklungsschritte für Studierende festlegen • Besondere Belastungen identifizieren bzw. bearbeiten	• Worauf soll ich bei deinem Verhalten und bei dem der Schüler*innen besonders achten? • Gibt es etwas, was dir besonders schwer fällt? • Was könnte dich unterstützen?
Unterrichtsbesprechung nachbereiten	• Ergebnisse dokumentieren • Allgemeine Prinzipien der Unterrichtsplanung ableiten • Restaufgaben der Unterrichtsvorbereitung erledigen	• Praktische Unterrichtsvorbereitung (Material, Medien, …)	

Beispielablauf Unterrichtsnachbesprechung

	Ziel der Phase	Themen der Phase	Beispielhafte Satzanfänge
Unter-richten	• Studierende*r/LiV und Mentor*in unterrichten in der vereinbarten Form und sammeln somit gemeinsame Erfahrungen		
Unterrichtsbespre-chung vorbereiten	• Individuelle Nachbereitung • Herausarbeitung besonders relevanter Aspekte/Gesprächsschwerpunkte	• Rückblick auf die Unterrichtsplanung • Rückblick auf die Schwerpunkte der Vorbesprechung • Rückblick auf die individuelle Entwicklung	
Gespräch eröffnen	• Abklärung des Erwartungsrahmens für das Gespräch	• Zeitplanung des Gesprächs	• Für diese Besprechung habe ich 20 Minuten Zeit. • Ich würde vorschlagen, dass wir unser Gespräch wie folgt strukturieren: … • Was sind deine Ziele für das Gespräch? • Ich würde heute gerne erreichen, dass …
Rückblick auf die Stunde	• Gesamteindruck der Stunde bekommen • Wichtige Themen herausarbeiten	• Deskriptive Beschreibung des erlebten Stundenablaufs zur direkten Herausarbeitung von Schwerpunkten	• Was war jetzt an der Stunde für dich besonders wichtig? Warum? • Mir ist aufgefallen, dass …, weil …

	Ziel der Phase	Themen der Phase	Beispielhafte Satzanfänge
Analysieren & Verbesserungsideen diskutieren	• Anhand von ausgewählten Themen der Unterrichtsdurchführung bzw. der Entwicklung der*des Studierenden gemeinsam nachdenken, wie Situation abgelaufen ist und wie diese Situation besser gestaltet werden könnte – damit die Schüler*innen besser lernen können.	• Wie wurden die Aufgaben durch die Schüler*innen bearbeitet? • Was hat den Schüler*innen beim Lernen besonders geholfen? • Wie wurde die Interaktion mit den Schüler*innen gestaltet? • Entwicklung der*des Studierenden	• Bei der nächsten Planung sollten wir berücksichtigen, dass …, weil … • Ich hätte gedacht, dass …, weil … • Warum hast du in der Situation XY so gehandelt?
Analysieren & Verbesserungsideen diskutieren	• Dabei erst Beobachtungen nennen, diese dann einordnen und erst im nächsten Schritt Alternativen entwickeln		
Zukunft planen	• Festlegung der nächsten Schritte in Bezug auf die Schüler*innen • Gesprächspraxis reflektieren • Folgetermine festlegen	• Gesprächspraxis • Fachliche Anschlussfragen für die SuS	• Beim nächsten Gespräch wären wir schneller, wenn wir … • Ich würde mich freuen, wenn du …

6. Die Entwicklung der angehenden Lehrkraft reflektieren

Dieses Kapitel …
- … stellt den Abschluss bzw. die Zwischenreflexion einer Praktikumssituation bzw. des Vorbereitungsdienstes in den Vordergrund und es werden Möglichkeiten der Reflexion des Lernens von angehenden Lehrkräften thematisiert.
- … enthält ein kommentiertes Gespräch als Beispiel für eine gelingende Zwischenreflexion.

Stellen Sie sich als Lehrkraft vor:
Das Praktikum der Studentin Anna ist zu etwa zwei Drittel vorüber. Anna und Sie sind inzwischen ein richtiges Team geworden und im Unterricht wissen Sie sich gut gegenseitig zu unterstützen. Aber natürlich ist Ihnen klar, dass Anna noch einen sehr langen Lernweg bis zu einer wirklich kompetenten Lehrkraft vor sich hat. Anna plant noch immer relativ unflexiblen Unterricht und kann in der jeweiligen Situation nur ganz bedingt auf unerwartete Herausforderungen reagieren. Dies ist natürlich auch normal als Praktikantin. Gleichwohl haben Sie manchmal das Gefühl, dass Anna die eigenen Fähigkeiten überschätzt und somit noch an ihren personalen Kompetenzen arbeiten könnte. Sie möchten daher im letzten Drittel des Praktikums mit ihr einmal über ihre Expertise und Entwicklung als Lehrkraft allgemein sprechen – und nicht nur über einzelne unterrichtliche Situationen. ◁

In den vergangenen Kapiteln wurde insbesondere die Planung, Durchführung und Nachbereitung einzelner Unterrichtsstunden bzw. einzelner unterrichtlicher Situationen thematisiert. Hier wird der Fokus auf die übergreifende Eignungsreflexion als Lehrkraft sowie die professionelle Entwicklung der angehenden Lehrkraft in der Gesamtheit gelegt.
Lehrkräfte haben vielfältige Aufgaben und benötigen professionelle Kompetenzen zur Bewältigung dieser. Zur analytischen Beschreibung solcher „professioneller Kompetenzen“ wird dieses Konstrukt häufig in „Wissen“, „Können“ und „Einstellungen“ gegliedert. „Wissen“ umfasst dabei z. B. das Fachwissen über das jeweilig zu lehrende Unterrichtsfach, aber auch fachdidaktisches Wissen und pädagogisch-psychologisches Wissen. Unter „Können“ wird gefasst, dass die Person in der Lage ist, in einer

jeweilig spezifischen Situation angemessen zu handeln, sei es unter Zuhilfenahme von Wissensbeständen, die einem bewusst sind oder anhand implizit vorhandenen Wissens. Darüber hinaus lassen sich unter „Einstellungen“ die Aspekte fassen, die unabhängig von spezifischen Situationen bei einer Person relativ stabil, aber in der Regel in gewissen Grenzen trainierbar bzw. veränderbar sind und auf das Handeln einen Einfluss nehmen. Hierunter fallen z. B. die eigenen Möglichkeiten zur Selbstregulation oder die eigene motivationale Orientierung (Baumert & Kunter, 2006).
Ziel der Lehrkräftebildung ist es – über den gesamten Prozess aus Auswahlverfahren, Studium, Vorbereitungsdienst und einer ersten Berufseinstiegsphase – Personen auszubilden, die in der Lage sind sich als Lehrkraft zu entwickeln und dabei zu unterstützen, dass diese im Verlauf die notwendigen Kompetenzen aufbauen können. Die Ziele der Lehrkräftebildung wurden vertieft bereits in Kapitel 2 dargestellt. Weiterhin findet sich in Kapitel 2 eine Ausdifferenzierung der KMK-Kompetenzziele für eine Praxisphase gegen Ende des Masterstudiums.
Um ein Gespräch über die professionelle Entwicklung zu initiieren, bedarf es einer Vorstellung darüber, welche Kompetenzen Lehrkräfte benötigen und wie sich die Entwicklung dieser beschreiben lassen. Entsprechend der KMK-Standards für die Lehrkräftebildung werden dazu hier die übergreifenden Kompetenzbereiche Unterrichten, Erziehen, Beurteilen und Innovieren an dieser Stelle herangezogen und zur Abbildung eines Entwicklungsfortschritts mit dem Modell der Expertiseentwicklung nach Dreyfus & Dreyfus (Dreyfus & Dreyfus, 1986; Dreyfus, 2016) kombiniert.

Ein Stufenmodell auf dem Weg zur Expertise

In dem Modell nach Dreyfus und Dreyfus (1986) wird die Entwicklung von Expertise in fünf Stufen abgebildet. Das Modell wurde ursprünglich nicht für die Beschreibung der beruflichen Expertise von Lehrkräften entwickelt, wird jedoch regelmäßig darauf angewendet (Bromme, 2008). Übergreifend lassen sich die Entwicklungsstufen wie folgt beschreiben:

- Zu Beginn können Novizinnen bzw. Novizen insbesondere relativ klar strukturierte Regeln anwenden und ihr erstes Ziel stellt das „Überleben“ in der Handlungssituation dar.
- Auf einer zweiten Stufe, der der*des Fortgeschrittenen, ist es für Personen auch möglich, erste Experimente auszuprobieren und von klaren Regeln abzuweichen. Hierbei steht die Festigung von Wissen im Fokus. Allerdings beschränken sich die Handlungsmöglichkeiten weiterhin auf relativ klar strukturierte Situationen.
- Ab der dritten Stufe („Kompetent“) ist ein stabiles Handeln auch in komplexeren Situationen möglich. Personen kennen in dieser Stufe vielfältige Handlungsmöglichkeiten und können diese in beruflichen Situationen einsetzen.

- Als „berufsfähig“ wird die Stufe beschrieben, in der eine Person selbstständig und prinzipiell ohne weitere Anleitung oder Hilfestellung ein von Analysen geleitetes Handeln zeigen können. Sie passen dabei ihr Handeln an die jeweilige Situation an.
- Auf der höchsten Stufe („Expert*in“) sind Personen in der Lage ein flexibles, flüssiges Handeln zu zeigen. Sie können dabei vielfältig und spontan in konkreten Situationen reagieren und auch sehr komplexe Situationen bewältigen. Das Modell ist so angelegt, dass grundsätzlich jede Lehrkraft diese Stufe erreichen kann. Mit „Expert*in“ sind also nicht nur die „besten“ Lehrkräfte gemeint, sondern alle Lehrkräfte, die eine entsprechende Expertise aufgebaut haben.

Abbildung 5: Stufen der Expertise bei Lehrkräften

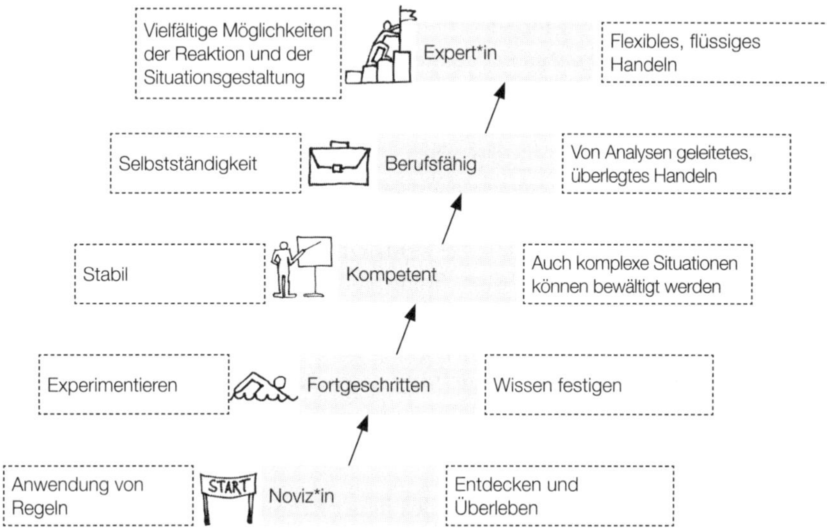

So lassen sich die professionellen Kompetenzen einerseits horizontal nach Kompetenzbereichen und andererseits vertikal nach Expertisestufen abbilden. Angehende Lehrkräfte können dies Modell nutzen, um sich darin jeweilig zu positionieren und somit eigene Entwicklungsfelder für sich herauszuarbeiten. Zu beachten ist dabei, dass der Aufbau von Expertise in einem Feld nicht zwingend mit dem Aufbau von Expertise in einem anderen Feld zusammenhängen muss (z. B. kann zwar einerseits der fachliche Inhalt durchdrungen sein, aber die Fähigkeit zur Auswahl geeigneter Lernaufgaben weniger stark ausgeprägt).
Die eigene Positionierung innerhalb eines Expertisemodells, also die Eigenwahrnehmung der Person, kann weiterhin mit einer Fremdwahrnehmung (z. B. durch eine*n Mentor*in) abgeglichen werden. Dabei können besonders relevante Aspekte für ein Zwischen- oder Abschlussgespräch herausgearbeitet werden.

Im Reflexions- und Aufgabenteil finden Sie einen an den KMK-Kompetenzen für die Lehrkräftebildung orientierten Selbsteinschätzungsbogen. Anhand des Bogens kann ein*e Studierende*r bzw. LiV für sich herausarbeiten, welche Expertisestufe in welchem Kompetenzbereich bereits erreicht ist. ◁

Studentische Vorstellungen von Professionalisierungsprozessen und Lernorientierung von Studierenden

Neben einer Vorstellung über mögliche Stufen in der Entwicklung von Expertise ist für die Gestaltung von Gesprächen zur Zwischen- oder Abschlussreflexion von Bedeutung, wie sich die Vorstellungen über die eigene Entwicklung bzw. Entwicklungsmöglichkeiten von angehenden Lehrkräften und Mentor*innen zueinander verhält. Angehende Lehrkräfte nehmen ihre Möglichkeiten zur Professionalisierung individuell unterschiedlich wahr. Zorn & Rothland (2020) rekonstruieren aus der Analyse von Bilanz- und Perspektivgesprächen am Ende eines Langzeitpraktikums vier Typen von Professionalisierungsverständnissen bei Studierenden.

- Im ersten Typ sehen Studierende den Weg zur Lehrkraft als **autonomen Lern- und Entscheidungsprozess**. Hierbei werden durch Studierende eigene Probleme selbst erkannt und aktiv bearbeitet. Studierende dieses Typs möchten ihren Entwicklungsprozess selbstbestimmt gestalten.
- Im zweiten Typ wird davon ausgegangen, dass der Weg zur Lehrkraft **durch Begleitung bestimmt und auf Begleitung angewiesen** ist. Über die Zeit entwickelt sich dabei ein fremdbestimmter Professionalisierungsprozess hin zu einem selbstbestimmten Prozess. Dieser Prozess ist jedoch insbesondere in der Anfangsphase auf Begleitung angewiesen.
- Studierende des dritten Typs äußern sich in der Art und Weise, dass sie den Weg zur Lehrkraft als **quasi autonomen, erfahrungsorientieren Entwicklungsprozess** ansehen. Erfahrungen bilden hierbei die Grundlage für Entwicklungen, allerdings erfolgen diese nicht aufgrund aktiver, reflexiver Gestaltung, sondern im Sinne eines „trial and error".
- Studierende des vierten Typs äußern sich insofern, dass die (spätere) Berufsausübung durch unveränderliche **Personen-Eigenschaften** vorbestimmt wird. Diese sehen keine Veränderungs- bzw. Entwicklungsmöglichkeiten.

Auch wenn diese Typen sich nicht immer direkt in der Begleitungspraxis wiederfinden und auch in Teilgebieten Überschneidungen möglich sind, so kann es in der Begleitung helfen, sich darüber bewusst zu werden, zu welchem Typ die*der angehende Lehrer*in eventuell gehört und das eigene Unterstützungsverhalten entsprechend zu gestalten.

Gleiches gilt für den Umgang mit angehenden Lehrkräften mit unterschiedlichen berufsfeldbezogenen Lernorientierungen (Esslinger-Hinz & Denner, 2019). Studierende nutzen Praktikumssituationen in unterschiedlicher Art und Weise. Esslinger-Hinz und Denner (2019) haben in einer Studie 24 Studierende der Lehrkräftebildung zu ihren Zielen im Praktikum interviewt. Im Ergebnis arbeiten sie drei Typen von Studierenden mit unterschiedlichen Lernorientierungen heraus:

- Ein kleiner Teil (in der Studie: 4 Personen) der Studierenden wünscht einen **Qualifikationsnachweis ohne Lernfunktion**. Diese Gruppe hat in erster Linie das Ziel, das Praktikum zu bestehen. Sie passen ihren Unterricht und sich an die Anforderungen an, sind jedoch an kritischen Rückmeldungen wenig interessiert. Aus ihrer Perspektive gibt es wenig dazu zu lernen.
- Der größte Teil (in der Studie: 14 Personen) der Studierenden wünscht sich hingegen einen **Qualifikationsnachweis mit Lernfunktion**. Auch diese Gruppe möchte das Praktikum bestehen, sieht es jedoch als Lerngelegenheit an und ist bereit, ihr Handeln aufgrund von Rückmeldungen zu reflektieren und ihr Wissen zu erweitern. Diese Studierenden sind sehr motiviert.
- Bei einigen Studierenden (in der Studie: 4 Personen) kommt zusätzlich zu den Aspekten des zweiten Typs noch der Wunsch der Überprüfung der **Berufswahlentscheidung** hinzu. Somit sehen insgesamt 18 Studierende die Lernfunktion im Praktikum.

In der Mentoringpraxis kann es helfen, sich darüber klar zu werden, was für einen Typ von angehender Lehrkraft aktuell begleitet wird. Studierende, die keine hohe Lernmotivation aufbringen, sind durch ko-konstruktive Situationen eventuell schwerer zu erreichen, da sie eher Prüfungssituationen erwarten. Gleichzeitig kann es wichtig sein, gerade diese Gruppe zu erreichen bzw. dieser Gruppe durch entsprechende Rückmeldungen zu verdeutlichen, dass ein kontinuierliches Lernen für Lehrkräfte unabdingbar ist.

Zeitnutzung von Lehrkräften für verschiedene Tätigkeiten

Die oben beschriebenen KMK-Kompetenzbereiche sind nicht als unterschiedlich wichtig gewertet, gleichzeitig wird die Gestaltung von Unterricht mit allen damit verbundenen Tätigkeiten, wie Planung, Durchführung und Nachbereitung von Unterrichtsstunden, aber auch die bewusste Differenzierung im Unterricht und das individuelle Lerncoaching bei Schüler*innen, regelmäßig als Kerngeschäft von Lehrkräften angesehen. Neben den KMK-Kompetenzbereichen umfasst das Auf-

gabenspektrum von Lehrkräften jedoch auch deutlich mehr Tätigkeiten, die mehr oder weniger stark mit Unterricht verknüpft sind.
Um herauszuarbeiten, welche Tätigkeiten dies sind, bedienen wir uns hier der „niedersächsischen Arbeitszeitstudie für Lehrkräfte“ (Mußmann, Riethmüller & Hardwig, 2016). In dieser Studie wurden die Arbeitszeiten, die Lehrkräfte aller Schulformen für bestimmte Tätigkeiten aufbringen, erfasst. Mußmann et al. unterscheiden zwischen „Unterricht“ (Unterrichtszeit, Vertretungsstunden, Aufsichten), „Unterrichtsnahe Lehrarbeit“ (Korrekturzeiten, Unterrichtsvor- und Nachbereitung, Abschlussprüfungen, Betriebspraktika, Feststellungsverfahren), „Funktionen“ (Funktionsarbeit, Schulleitungsfunktionen), „Kommunikation“ (Konferenzen/Sitzungen, Arbeitsgruppe/Ausschuss, Pädagogische Kommunikation, Vernetzung/Organisation), „Fahrten/Veranstaltungen“ (Fahrten/Veranstaltungen mit und ohne Übernachtung), „Arbeitsorganisation“ (Arbeitsplatzorganisation, Arbeitsraum Schulgebäude), „Weiterbildung“ (Weiterbildungszeit) und „sonstige Tätigkeiten“ (Krankheitstag, Arztbesuch, Sonderurlaub, Fördergutachten, Wege zwischen Schulen, Sonstiges).
Die reine Unterrichtszeit nimmt je nach Schulform zwischen ca. 28 bis 38 % der Wochenarbeitszeit ein. Die Zeit für Vor- und Nachbereitung nimmt weiterhin ca. 20 % der Wochenarbeitszeit ein.

Die zeitlich am häufigsten weiteren Aufgabenfelder sind (mindestens 5 % der Arbeitszeit in mindestens einer Schulform):
- Korrekturzeiten
- Funktionsarbeit
- Pädagogische Kommunikation

Alle anderen Tätigkeitsfelder umfassen in allen Schulformen jeweils weniger als 5 % der Arbeitszeit.

Anforderungen und Erschöpfung während Schulpraktika

Der Lehrkräfteberuf ist mit einer Vielzahl an Anforderungen verbunden. Inwieweit Belastungen während Schulpraktika auftreten und wie Mentor*innen dazu beitragen können, einen Rahmen zu schaffen, der für angehende Lehrkräfte zwar fordernd ist, aber gleichzeitig nicht überfordernd und zu stark belastend ist, wurde wissenschaftlich erst wenig untersucht. Die Ergebnisse sind zudem nicht eindeutig. In einer aktuellen Untersuchung gehen daher Krawiec, Fischer und Hänze (2020) den Fragen nach, wie sich das Erleben emotionaler Erschöpfung über die Zeit im Praktikum entwickelt, welche Art von Anforderungen die Studierenden berichten, wie sich diese über die Zeit verändern und ob die emotionale Erschöpfung von der Art und Häufigkeit der berichteten Anforderungen abhängt. Zur Beantwortung

dieser Fragen wurden 700 Studierende der Universität Kassel während eines vier- bzw. fünfwöchigen Praktikums mehrfach befragt.
Die Ergebnisse der Befragung lassen sich wie folgt zusammenfassen:

1. Im Verlauf der schulpraktischen Phase sinkt die Intensität des Erlebens emotionaler Erschöpfung. In der Stichprobe war sie insgesamt niedrig.
2. Mit Abstand am häufigsten berichten Studierende über (1) Probleme im Verhalten mit Schüler*innen. Danach folgen Probleme aus (2) unklaren bzw. uneinheitlichen Rollendefinitionen, (3) in Betreuung und Organisation sowie (4) mit dem eigenen oder beobachteten professionellen Lehrkräftehandeln und (5) mit dem Arbeitsumfang.
3. In Bezug auf den Zusammenhang zwischen emotionaler Erschöpfung und wahrgenommenen Problemen zeigt sich, dass Studierende, die zu Beginn des Praktikums von unklaren und uneinheitlichen Definitionen ihrer Rolle berichten, sich nach fünf Wochen stärker erschöpft fühlen. Weiterhin berichten Studierende auch am Ende des Praktikums häufiger von Problemen in Betreuung und Organisation, desto erschöpfter sie sich bereits zu Beginn fühlten.

Aus einzelnen Studien lassen sich nur bedingt Schlussfolgerungen für die Praxis des Mentorings ableiten. Dies gilt insbesondere, da Ergebnisse anderer Studierenden teils zu anderen Ergebnisse kommen. So berichtet beispielsweise Bach (2015) von eher belastenden Situationen für Studierende. Gleichwohl wird deutlich, dass Studierende sowohl noch eine Unterstützung im Umgang mit Schülerinnen und Schülern benötigen, als auch eine klare Abstimmung sowohl über Fragen der Rolle von Studierenden und Mentor*innen als auch klare Abstimmungen zur Begleitung und zur Organisation helfen könnten, die emotionale Erschöpfung zu vermindern.

Zusammenfassende Hinweise zu Zwischen- und Abschlussgesprächen

Zusammenfassend können die folgenden Aspekte bei der Planung und Durchführung von Zwischen- und Abschlussreflexionsgesprächen betrachtet werden:

- Wie schätzen Sie das Verständnis des eigenen Professionalisierungsprozesses der*des Studierenden/LiV ein? Wie schätzt die*der Studierende/LiV den eigenen Weg zur Professionalität ein? Sucht sie bzw. er eher nach Begleitung, möchte sie bzw. er den Prozess selber aktiv gestalten, möchte sie bzw. er ausprobieren oder geht die Person davon aus, dass sie selber nur wenig Einfluss auf den eigenen Prozess hat? Wie muss die Begleitung jeweilig angepasst werden?
- Wie schätzt sie bzw. er die eigene Kompetenz in Bezug auf die KMK-Standards für die Lehrkräftebildung ein? Wie schätzen Sie als Mentor*in diese jeweils ein? Wo bestehen Entwicklungsmöglichkeiten und Anknüpfungspunkte? Wie entspricht die Entwicklung dem aktuellen Ausbildungsabschnitt?

- Welches Bild hat die angehende Lehrkraft von den Tätigkeiten als Lehrperson und weiß, wie eine Vorbereitung auf die Übernahme dieser Tätigkeiten aussehen kann? Ist dieses Bild realistisch unter den aktuellen Gegebenheiten? Ist dieses Bild zukunftsorientiert und offen für die Veränderungen in den kommenden Jahren?

Im Reflexions- und Aufgabenteil finden Sie Vorschläge für die eigene Reflexion und für die Bearbeitung mit Studierenden/Lehrkräften im Vorbereitungsdienst. ◁

Beispiel eines Gespräches zur Zwischenreflexion

Das folgende Beispiel dient der Illustration einer möglichen Zwischenreflexion im Praktikum. Im Vorbereitungsdienst könnten mehrere Gespräche dieser Art hilfreich sein (z. B. jeweilig zum Ende des Schulhalbjahres). Unterhalb des Beispiels finden Sie Aufgabenvorschläge für Mentor*innen und Studierende bzw. LiVs zur Übertragung auf die eigene Situation. ◁

Mentorin: Hallo Anna, dann haben wir heute ja schon unser Gespräch zur Zwischenreflexion. So ein Praktikum geht ja doch immer schnell vorbei, aber ein wenig Zeit bleibt uns ja noch. Ich hoffe, es war für dich bisher eine spannende und lehrreiche Zeit. Mir hat es auf jeden Fall Freude bereitet mit dir zu arbeiten. Vielleicht holen wir noch einmal hervor, was du dir am Anfang für Ziele gesetzt hast? Das war die Klassenführung im Unterricht und die selbstständige Konzeption einer längeren Unterrichtseinheit im Fach Deutsch. Dann könnten wir, denke ich, einmal über deine Vorstellung zum Lehrkräfteberuf sprechen und, ob dieser Beruf zu dir passt. Außerdem würde mich interessieren, wie du unsere Zusammenarbeit erlebt hast, und dann könnten wir noch einmal überlegen, ob bzw. wie du in Zukunft mit unserer Schule verbunden sein möchtest. Aus diesen Punkten können wir auch bereits ableiten, was wir noch in der (wenigen) verbleibenden Zeit umsetzen wollen. Ich würde sagen, wir schaffen das so in 30 Minuten. Was meinst du? Hast du noch weitere Themen?

Studierende: Ja, das finde ich ganz gut so, denke ich. Vielleicht können wir noch über das Thema Arbeitsbelastung für Praktikantinnen sprechen, weil ich es schon sehr anstrengend fand.

Mentorin: Ja, ok. Lass uns das doch in den Bereich der Zusammenarbeit mit aufnehmen.

Die Mentorin eröffnet das Gespräch und benennt die aus ihrer Sicht wichtigsten Punkte. Dabei bezieht sie sich explizit auf vorherige Absprachen zwischen ihr und der Studierenden, damit gegen Ende des Praktikums keine unvermittelten, neuen Anforderungen an die Studierende adressiert werden. Sie adressiert einerseits Themen, die sehr nah am Unterricht liegen und andererseits Themen, in denen die Studierende in Bezug auf ihre Professionalität insgesamt angesprochen wird. Im weiteren Verlauf werden hier nur exemplarisch angesprochene Themen bearbeitet.

Mentorin: Ok. Dann würde ich sagen, beginnen wir mit dem Themenkomplex „Klassenführung im Unterricht". Du hast ja in mehreren Klassen selbst auch Unterricht durchgeführt. Was hast du während dieser Zeit über Klassenführung gelernt?

Die Mentorin leitet das erste inhaltliche Thema ein, bewertet jedoch nicht die Klassenführung der Studentin. Auch bittet sie die Studentin nicht um eine eigene Kompetenzeinschätzung (die von der Studierenden mit einer einfachen kurzen Antwort gegeben werden könnte), sondern regt vielmehr dazu an, zu benennen, was die Studentin gelernt hat.

Studentin: Ja, was habe ich gelernt über Klassenführung? Also auf jeden Fall, dass jede Klasse irgendwie anders ist und auch jede Stunde anders ist. Ich konnte mir auch ein paar Tricks von dir abschauen, aber ich habe auch gesehen, dass nicht jeder Trick in jeder Situation funktioniert.

Mentorin: Ja. Da gebe ich dir auf der einen Seite durchaus Recht. Aber ich denke auch, dass man sich schon grundsätzlich ein paar Leitlinien zur Klassenführung formulieren kann. Und ich denke, man kann sich dem Thema auf drei Ebenen nähern. Erstens: Rituale, Regeln und Selbstverständlichkeiten in der Klasse – also alles, was wir langsam über die Zeit aufbauen. Zweitens: Die Vorbereitung der einzelnen Stunde. Da kann ich schauen, an welchen Stellen werde ich hier eventuell Probleme mit Klassenführung bekommen und wie kann ich dies schon präventiv angehen. Wie kann ich zum Beispiel durch eine gute Auswahl der Aufgaben und gute Strukturierung der Stunde dafür sorgen, dass ich während der Stunde weniger in Bezug auf die Klassenführung gefordert bin. Und drittens die Situation in der Stunde. Hier kommt es darauf an, dass ich flexibel auf die Schülerinnen und Schüler reagieren kann. Das ist, denke ich, das schwierigste, aber das lernt man mit der Zeit. Kannst du dich und uns da wiederfinden und wie würdest du deine Erfahrungen dazu beschreiben?

Die Mentorin entfernt sich von der Ebene von „Tipps & Tricks" für einzelne Stunden und systematisiert das Thema hingegen stärker.

Studentin: Ja, das ist mir auch aufgefallen, dass du ganz viel zur Klassenführung schon im Vorfeld „erledigst". Ich dachte vorher immer, man muss vielleicht besonders „streng" sein in der Klasse oder man kann vieles über „Belohnungssysteme" lösen, aber erst so in der Zusammenschau wurde mir deutlich, wie vielschichtig dieses Thema eigentlich ist. Jetzt zum Beispiel an Regeln und Ritualen kann ich halt als Praktikantin nicht viel ändern. Da kann ich nur das übernehmen, was ich vorfinde. Und das ist spannend, weil das irgendwie in jeder Klasse anders ist. Gelernt habe ich auf jeden Fall, wie wichtig der Zusammenhang zwischen Unterrichtsplanung und Klassenführung ist.

Mentorin: Ja, das mit den unterschiedlichen Ritualen und Regeln ist immer so eine Sache. Mich stört es auch immer, dass dies so abhängig von der jeweiligen Lehrkraft ist. Ich denke, hier wäre echt ein Feld für die Schulentwicklung bei uns in der Schule. Dass wir uns zwischen den Lehrkräften auf verbindliche Regeln und Rituale mit den Schülerinnen und Schülern einigen. Die Schüler*innen sind halt Teil des Unterrichts von vielen Lehrkräften, während wir immer nur unseren eigenen Unterricht sehen. Eventuell wäre dies ja ein Thema für unsere weitere Zusammenarbeit?

Die Mentorin stellt den Zusammenhang zwischen den individuellen Tätigkeiten einer Lehrkraft und Prozessen der Schulentwicklung her. Sie macht damit deutlich, wie eine Schule in ihrer Gesamtheit funktioniert. Damit löst sie sich einerseits weiter von der konkreten Unterrichtsperformanz der Studentin und eröffnet der Studentin gleichzeitig die Möglichkeit, sich noch weiter in die Schule einzubringen. Zu denken wäre hier zum Beispiel an ein Projekt im Sinne des „Forschenden Lernens“, wie es an vielen Universitäten vorzufinden ist.

Studentin: Ja, das ist eine gute Idee. Lass uns da noch einmal drüber sprechen.

Mentorin: Schauen wir doch als nächstes einmal auf dich als zukünftige Lehrperson. Mich würde vor allem interessieren, inwiefern du dir den Beruf als Lehrerin vorstellen kannst? Natürlich gilt gerade für uns Lehrkräfte ein lebenslanger Professionalisierungsprozess – m. E. gibt es ja nicht „die eine perfekt ausgebildete Lehrkraft“. Aber es gibt schon Parameter, auf die man besonders achten kann auf diesem Weg der Professionalisierung. Zum Beispiel sollte als Grundlage natürlich erst einmal die Bereitschaft da sein, sich zu entwickeln. Und dazu gehört, dass man grundsätzlich Freude am Lernen mitbringt. Ich will jetzt also gar nicht bewerten, was du noch alles lernen müsstest oder könntest, darauf kommt das gar nicht so an. Aber ich würde dich fragen, ob du Lust und Freude am Beruf hast und was dich in Bezug auf deine Berufswahl am meisten überrascht hat im Praktikum? Eventuell auch verbunden mit der Frage, was du als nächstes angehen willst im Studium?

Die Mentorin entlastet sich hier selber von einer Bewertung der Studentin. Sie adressiert dabei auch die dauerhafte Lernanforderung im Lehrkräfteberuf. Stattdessen regt sie die Studentin zur Reflexion an und eröffnet eine Perspektive für das weitere Studium.

Studierende: Ja, also, lernen muss ich sicher noch ganz viel. Aber ich habe jetzt hier gemerkt, was ich auch schon alles kann. Ich fand mich echt ganz gut so im Unterricht mit den Kindern und mir macht das auch echt Spaß. Gegenüber meiner eigenen Schulzeit hat mich vor allem überrascht, wie intensiv man sich eigentlich mit den einzelnen Schülerinnen und Schülern in ihrer Individualität beschäftigen muss und dass Unterricht eigentlich gar nicht so richtig für eine Klasse stattfindet, sondern das man vielmehr Unterricht für viele unterschiedliche Kinder gleichzeitig gestalten muss. Da sehe ich bei mir auch noch viel Lernbedarf. Jetzt im Praktikum hast du ja oft einen Teil der Schülerinnen und Schüler übernommen und dich um die gekümmert. Aber so eine Hilfe habe ich dann nicht mehr immer. Ich glaube, das ist ein Bereich, den ich in den kommenden Jahren noch einmal intensiver lernen möchte.

Mentorin: Ja, da kann ich zustimmen. Das individuelle Coaching und die Anbahnung von selbstständigen Lernen der Schüler*innen wird sicherlich ein immer wichtigerer Bereich unserer Tätigkeit. Ideen, wie man das gleichzeitige Lernen vieler Schüler*innen an unterschiedlichen Kompetenzbereichen ermöglichen und garantieren kann sind in Zukunft sicherlich gefragt und benötigt.

Auch hier ordnet die Mentorin die Reflexionen der Studentin noch einmal ein und orientiert diese in ihren Erfahrungen. Sie gibt so noch einmal Impulse in die Richtung, die auch die Studentin als relevant angesehen hat.

Studierende: Ja, stimmt.

Mentorin: Kommen wir einmal in Richtung Ende unseres Gesprächs. Kannst du für dich schon sagen, was deine nächsten Lernschritte sein könnten?

Studierende: Also mich interessiert dieser Umgang mit der Individualität der Schüler*innen schon sehr im Moment. Ich denke, ich möchte mich noch stärker mit Fragen der Diagnostik und der Möglichkeiten von individueller Förderung bei gleichzeitig begrenzten Ressourcen auf meiner Seite beschäftigen.

Mentorin: Vielen Dank. Für mich würde es jetzt reichen soweit für heute. Vielen Dank, dass du unsere Schule in den letzten Wochen so bereichert hast und ein paar Dinge können wir ja auch noch in der Abschlussphase des Praktikums besprechen. Ist für dich noch etwas offen geblieben im Gespräch?

Studierende: Nein, vielen Dank. Ich freue mich auch auf die letzten Wochen.

Reflexions- und Aufgabenteil

Aufgaben zum Fallbeispiel

- Welches sind aus Ihrer Sicht die wichtigsten Struktur-, Gestaltungs- und Inhaltselemente, auf die die*der Mentor*in im Gespräch eingeht?
- Welche der Elemente könnten Sie auf die eigene Situation übertragen? ◁

Reflexionsanregungen für Mentor*innen

- Über welche Kompetenzen verfügt Ihr*e Student*in bzw. Lehrkraft im Vorbereitungsdienst? Wie ging es Ihnen zu Beginn des Berufes? Überlegen Sie sich Anregungen und Tipps für Ihre*n Student*in bzw. Lehrkraft im Vorbereitungsdienst, um die Entwicklung zu fördern.
- Was für eine Lernorientierung weißt die angehende Lehrkraft auf? Haben Sie das Gefühl, sie möchte dazu lernen? Was bedeutet dies für die eigene Mentoringpraxis?
- Besprechen Sie einzelne Bearbeitungspunkte mit der angehenden Lehrkraft und achten Sie in den folgenden Unterrichtsstunden besonders darauf. ◁

Aufgaben für Studierende/Lehrkräfte im Vorbereitungsdienst

- Bewerten Sie die eigenen Kompetenzen anhand des Selbsteinschätzungsbogen, der sich an den von der KMK vorausgesetzten Kompetenzen für Lehrkräfte orientiert. Diese Bewertung ist nur für Sie selbst bestimmt.
- Positionieren Sie sich in Bezug auf Ihren Ausbildungsstand. Wenn Sie sich eher zu Beginn der Ausbildung befinden, ist es normal, dass Sie noch nicht über ausgeprägte Kompetenzen verfügen.
- Legen Sie sich auf ein bis zwei konkrete Schwerpunkte der eigenen Entwicklung fest und beantworten Sie sich selber die Frage, worin Sie sich entwickeln möchten.
- Besprechen Sie Ihren Entwicklungsschwerpunkt mit Ihrer betreuenden Lehrkraft und entwickeln Sie dabei Beobachtungskriterien für die Lehrkraft und definieren Sie Gelegenheiten, zu denen Sie sich in diesem Schwerpunkt entwickeln können. ◁

Literaturempfehlungen

Niggli, A. (2005). *Unterrichtsbesprechungen im Mentoring*. Oberentfelden: Sauerländer.

Zorn, S.K. (2020). *Professionalisierungsprozesse im Praxissemester begleiten: Eine qualitativ-rekonstruktive Studie zum Bilanz- und Perspektivgespräch.* Wiesbaden: Springer VS. https://doi.org/10.1007/978-3-658-30303-7

Anhang zum Kapitel
Selbsteinschätzungsbogen anhand der KMK-Standards

Inwieweit fühlen Sie sich zum jetzigen Zeitpunkt in den folgenden Bereichen kompetent?

Ich kann …

Kompetenzbereich Unterrichten	**wenig kompetent**			**sehr kompetent**
… schulische Inhalte als Bildungsinhalte für Schülerinnen und Schüler begründen.	○	○	○	○
… einzelne Unterrichtsstunden in meinen beiden Fächern didaktisch begründet planen.	○	○	○	○
… Lernsituationen Schülerinnen und Schülern gegenüber klar strukturieren.	○	○	○	○
… mit Hilfe didaktischer Theorien mein eigenes Vorgehen im Unterricht kritisch bewerten.	○	○	○	○
… eine begrenzte Zahl von schülerorientierten Unterrichtsmethoden (z. B. Projektarbeit, Gruppenarbeit, Präsentationen) im Klassenraum umsetzen.	○	○	○	○
… Aufgaben in meinen Unterrichtsfächern entwickeln, die das Lernen von Schülerinnen und Schülern fördern.	○	○	○	○
… die Medienauswahl für meinen Unterricht begründen.	○	○	○	○
… die Unterrichtsqualität fremden Unterrichts nach ausgewählten Kriterien beurteilen.	○	○	○	○
… bei Schülerinnen und Schülern ein weiterführendes Interesse an einem Thema wecken.	○	○	○	○
… Schülerinnen und Schülern Lernstrategien für das weitere Lernen vermitteln.	○	○	○	○
… anhand von eigenen Hospitationsprotokollen Unterricht kriteriengeleitet reflektieren.	○	○	○	○

Kompetenzbereich Erziehen	wenig kompetent			sehr kompetent
… mit Eltern über das Lernen und das Verhalten ihrer Kinder sprechen.	○	○	○	○
… die Lernergebnisse der Schülerinnen und Schüler mit ihnen gemeinsam diskutieren.	○	○	○	○
… Schülerinnen und Schüler anregen, Strategien zu erarbeiten, mit denen sie ihr Lernen überwachen und über ihre Lerngewohnheiten nachdenken können.	○	○	○	○
… Schülerinnen und Schüler dazu anhalten, ein Thema selbstständig und eigenverantwortlich zu erarbeiten.	○	○	○	○
… mit Schülerinnen und Schülern Fehler so besprechen, dass diese davon profitieren.	○	○	○	○
… auf Regelverstöße von Schülerinnen und Schülern angemessen reagieren.	○	○	○	○
… Bedingungen von Entwicklungs- und Sozialisationsprozessen von Kindern und Jugendlichen in ihrer Lehrertätigkeit berücksichtigen.	○	○	○	○
… bei Konflikten unter Schülerinnen und Schülern vermitteln und mögliche Lösungen anbieten.	○	○	○	○
… einzelne Schülerinnen bzw. Schüler bei persönlichen Krisen- und Entscheidungssituationen unterstützen.	○	○	○	○

Kompetenzbereich Beurteilen	wenig kompetent			sehr kompetent
… Schülerinnen und Schülern zeigen, wie sie ihren Lernweg selbst kontrollieren können.	○	○	○	○
… den Leistungsfortschritt der Schülerinnen und Schüler mit unterschiedlichen Instrumenten (z. B. Fragebögen, Lerntagebüchern) feststellen.	○	○	○	○
… leistungsschwächere Schülerinnen und Schüler erkennen und individuell fördern.	○	○	○	○
… leistungsstärkeren und besonders begabten Schülerinnen und Schülern differenzierte Aufgaben stellen.	○	○	○	○
… differenzierte Rückmeldungen an Schülerinnen und Schüler geben.	○	○	○	○
… kooperatives Arbeiten von Schülerinnen und Schülern (zu zweit, in Gruppen) bewerten.	○	○	○	○
… den Lernstand einer Schülerin/eines Schülers diagnostizieren und schriftlich festhalten.	○	○	○	○

Kompetenzbereich Innovieren	wenig kompetent			sehr kompetent
… ein vorgegebenes Evaluationsinstrument (Interview, Fragebogen, Beobachtung) für ein konkretes schulisches Problem anwenden.	○	○	○	○
… ein Evaluationsdesign für ein konkretes schulisches Problem analysieren und bewerten.	○	○	○	○
… Ergebnisse der Zusammenarbeit mit Lehrerinnen und Lehrern bewerten.	○	○	○	○
… Lehrerinnen und Lehrern Instrumente zur Selbstevaluation vorschlagen, wenn sie mir ein konkretes schulisches oder unterrichtliches Problem nennen.	○	○	○	○
… mich an der Schulprogrammarbeit als Element der Qualitätssicherung pädagogischer Arbeit beteiligen.	○	○	○	○
… Lernerfahrungen aus dem Schulalltag konstruktiv für meinen beruflichen Entwicklungsprozess nutzen.	○	○	○	○

7. Schwierige Situationen in der Begleitung angehender Lehrkräfte bearbeiten

In diesem Kapitel ….
- … werden typische, schwierige Situationen in der Begleitung angehender Lehrkräfte aufgezeigt.
- … erhalten Sie zu jeder typischen Situation einordnende Impulse, Reflexionsfragen und eine mögliche Herangehensweise.
- … ermutigen wir Sie, auch in besonderen Situationen nach den Prinzipien dieses Praxisbuchs zu verfahren.

In diesem Praxisbuch stellen wir mit Anna eine Studierende der Lehrkräftebildung vor, die eine hohe Lernbereitschaft aufweist und die sich in ihrem Praktikum für alle beteiligten Personen gewinnbringend einbringt. Sie verfügt auch über ausreichend Wissen und Können, um den Anforderungen des Praktikums gerecht zu werden.
Studien zum Professionalisierungsverständnis (Zorn, 2020) und zu Lernorientierungen von Studierenden (Esslinger-Hinz & Denner, 2019) zeigen, dass ein Teil der Studierenden nicht immer mit einer entsprechenden Offenheit und der Fähigkeit zur Reflexion studiert. Auch bleiben einzelne angehende Lehrkräfte hinter den an sie gestellten Erwartungen – zumindest aus spezifischen Perspektiven – zurück oder es gibt andere Bedingungen, aufgrund derer die angestrebte Zusammenarbeit in der Begleitung nicht optimal verläuft. Dies kann Mentor*innen von angehenden Lehrkräften vor Herausforderungen stellen. In diesem Kapitel stellen wir beispielhaft einzelne mögliche typische „schwierige" Situationen, in denen sich Mentor*innen während der Begleitung von angehenden Lehrkräften wiederfinden können, vor und erarbeiten mögliche Herangehensweisen.
Dabei gehen wir wie folgt vor: Zuerst wird kurz eine Situation, wie sie in der Schule entstehen kann, umrissartig vorgestellt. Im Anschluss ordnen wir die Situation theoretisch ein und geben Hinweise, wo im Praxisbuch vertiefenden Hinweise zu finden sind. Hierbei geht es darum, mögliche Erklärungen aufzuzeigen und ein Verständnis für die gezeigten Verhaltensweisen zu entwickeln. Es erfolgt auch eine Abstraktion aus der Situation, so dass diese übertragbar wird. Drittens bieten wir Ihnen Reflexionsanregungen, die helfen sollen, dass Sie für sich eine mögliche Lösung für die Situation entwickeln. Viertens stellen wir Ihnen mögliche Herange-

hensweisen zum Umgang mit der Situation vor. Hierbei ist wichtig zu betonen, dass diese Herangehensweisen nicht als „Rezepte“ verstanden werden, welche in jedem Fall zu einem Erfolg führen. Dafür sind die jeweiligen Bedingungen der handelnden Akteure zu divers. Vielmehr kann Ihnen eine mögliche Herangehensweise dabei helfen, den eigenen Umgang mit der Situation individuell zu planen.

Situation 1: Sie müssen negatives Feedback geben

Beschreibung der Situation:

Sie beobachten den Unterricht von einer*einem Studierenden/LiV und möchten danach Feedback zum Unterricht geben. Sie sind nicht zufrieden mit der Unterrichtsdurchführung durch die angehende Lehrkraft und möchten dies auch zurückmelden. Es fällt Ihnen schwer und Sie sind unsicher, wie Sie entsprechende Kritik formulieren.

Einordnung der Situation:

In dieser Situation kommen mehrere Aspekte zusammen, die in der Situationsbeschreibung darin münden, dass ein*e Mentor*in einer angehenden Lehrkraft Unzufriedenheit mit der Unterrichtsdurchführung zurückmelden möchte. Diese Beschreibung der Situation ist sehr knapp und bietet vielfältige Ansatzpunkte zu noch offenen Interpretationen bzw. Einordnungen.

Hierzu gehört insbesondere:

- Wir wissen nur anhand der Situationsbeschreibung nicht, an welcher Stelle im Ausbildungsprozess sich die zukünftige Lehrkraft befindet und ob das eigentlich gewünschte Verhalten von ihr schon erwartet werden kann. Der Prozess der Professionalisierung erstreckt sich über eine lange Zeit und es ist davon auszugehen, dass beispielsweise alleine eine „gute Lehrkräftepersönlichkeit“ nicht ausreichend ist, um gut als Lehrkraft zu agieren (siehe Kapitel 2 – KMK-Standards für die Lehrkräftebildung; Kapitel 6 – Stufen auf dem Weg zur Expertise als Lehrkraft).
- Unklar ist zudem vorerst, aus welcher Rolle heraus die*der Mentor*in hier agieren möchte und was dabei für diese Lehrkraft im Vordergrund steht. Denkbar ist beispielsweise, dass ihr das Lernen der Schüler*innen besonders wichtig ist, dass sie*er sich als Unterstützer*in für die angehende Lehrkraft sieht oder es als die eigene Aufgabe versteht, das weniger „gute“ Lehrkräfte nicht Teil des Schulsystems werden (siehe Kapitel 3 – Rolle von Mentor*innen).
- Ebenfalls gibt die Situationsbeschreibung keine Auskunft, was inhaltlich kritisiert wird und wie es zu der Situation kam. Gab es hier beispielsweise eine Vorbesprechung, in der bestimmte Absprachen getroffen wurden? Stand die Erarbeitung spezifischer Kernpraktiken im Vordergrund? Gibt es fachliche Wissensdefizite bei

der angehenden Lehrkraft? Je nachdem, was und wie beobachtet wurde, ergeben sich andere Strategien (siehe Kapitel 4 – Unterrichtsbeobachtung planen).

Reflexionsfragen:
Um eine Strategie zum Umgang mit der Situation zu entwickeln, beantworten Sie folgende Fragen für sich:

- Ist das, was ich von der angehenden Lehrkraft erwarte, angemessen für den entsprechenden Ausbildungsstand?
- Warum möchte ich der Person eine entsprechende Rückmeldung geben?
- Habe ich als Mentor*in genug getan, um bereits im Vorfeld zur kritischen Situation die angehende Lehrkraft zu unterstützen?
- Kann ich genau benennen, was nicht hilfreich für eine gute Unterrichtssituation war und ist dies für die angehende Lehrkraft änderbar?

Mögliche Herangehensweise:
Eine sinnvolle Herangehensweise Kritik zu äußern, ist dies auf Basis einer gemeinsamen vorherigen Planung zwischen angehender Lehrkraft und Mentor*in zu tun. In einer Vorbesprechung (siehe Kapitel 5) können Sie gemeinsam herausarbeiten, was von der angehenden Lehrkraft verlangt wird, welche Praktiken und Aspekte im Vordergrund der Beobachtung stehen und wie diese beobachtet werden können. Bei der Gabe des Feedbacks an sich könnte es sinnvoll sein, zuerst noch einmal die Situation gemeinsam zu analysieren und dann nach einer Bewertung Alternativen aufzuzeigen und zu begründen (siehe Kapitel 5).

Situation 2: Die angehende Lehrkraft „weiß es besser“

Beschreibung der Situation:

In Gesprächen mit der angehenden Lehrkraft haben Sie das Gefühl, dass diese nur eingeschränkt bereit ist, zu lernen. Stattdessen vermittelt sie Ihnen, dass sie für sich wenig Entwicklungsbedarf sieht und sie nur wenig von der aktuellen Situation profitiert. Vielmehr regt die angehende Lehrkraft an, dass Sie als Mentor*in bestimmte Aspekte am Unterricht verändern könnten oder sollten.

Einordnung der Situation:
Auch eine solche Situation kann vielfältig begründet sein. Eine Möglichkeit besteht in einer mangelnden Lernbereitschaft oder übertrieben hohem Selbstkonzept der angehenden Lehrkraft (siehe Kapitel 6). Eventuell lehnt sie Unterstützung daher grundsätzlich ab. Weiterhin zeigen Studien (siehe Kapitel 2), dass Studierende der Lehrkräftebildung Ihre eigenen Kompetenzen teilweise bereits früh als sehr hoch ausgeprägt ansehen. Dies kann beispielsweise darin begründet sein, dass durchgeführter Unterricht auf einer reinen „Ebene des Sichtbaren" bereits relativ frei von Störungen abläuft, dabei jedoch tieferliegende Aspekte individueller Lernunterstützung noch wenig beachtet werden. Eine weitere Möglichkeit zur Erklärung des Verhaltens der angehenden Lehrkraft kann darin liegen, dass diese nicht ausreichend anspruchsvolle Aufgaben im Unterrichtskontext hat. Ebenso kann es sich um ein eher kommunikatives Problem handeln. Eventuell fasst die angehende Lehrkraft eigentlich sachliche Kritik als mangelnde Wertschätzung für die eigene Person auf.

Reflexionsfragen:
Um eine Strategie zum Umgang mit der Situation zu entwickeln, beantworten Sie folgende Fragen für sich:
- Habe ich als Mentor*in alles dafür getan, eine Situation zu schaffen, in der die angehende Lehrperson gut lernen kann?
- Ist mir klar, was die angehende Lehrperson weiß und kann, so dass die Lernsituation darauf abgestimmt ist?
- Habe ich versucht, mit der angehenden Lehrkraft herauszuarbeiten, worin sie ihr Verhalten begründet?

Mögliche Herangehensweise:
Ein möglicher Umgang mit der Situation besteht darin, die angehende Lehrkraft im Sinne einer „Community of Practice" noch ernsthafter in reale Herausforderungen (siehe Kapitel 1) einzubinden. Gemeint ist damit nicht, der angehenden Lehrkraft alleine mehr und schwerere Aufgaben zu übertragen, so dass diese beinahe zwangsläufig scheitern wird, sondern vielmehr, tatsächlich bestehende, herausfordernde Aufgaben im Kontext von Unterricht gemeinsam zu bearbeiten. Der angehenden Lehrkraft wird so einerseits deutlich gemacht, wie vielschichtig die Aufgaben im Unterricht sind und für Sie als Mentor*in ergibt sich die Möglichkeit, von den Kompetenzen der angehenden Lehrkraft zu profitieren. Ein Beispiel könnte die Gestaltung adaptiver digitaler Lehr-/Lernmaterialien für eine spezifische Gruppe von Schüler*innen sein.

Situation 3: Ihnen fehlt die Zeit, sich angemessen in die Ausbildung der angehenden Lehrkraft einzubringen

Beschreibung der Situation:

Sie sehen Möglichkeiten, sich in der Ausbildung von angehenden Lehrkräften zu engagieren. Aber Sie wissen nicht, wann Sie die Zeit aufbringen sollen, sich – zusätzlich zu Ihren anderen Tätigkeiten – zu engagieren, um beispielsweise Vor- oder Nachbesprechungen zum Unterricht durchführen zu können. Für Sie stellen die angehenden Lehrkräfte insofern eine Belastung dar.

Einordnung der Situation:

An Lehrkräfte werden vielfältige Anforderungen gestellt und oft mangelt es an Zeit, allen individuellen Aufgaben gerecht zu werden. Zur Vergegenwärtigung kann es helfen, sich klar darüber zu sein, dass Sie als Einzelperson sich immer in einer bestimmten von außen beeinflussten Situation befinden. Es kann also bei der Bewältigung dieser Herausforderung darum gehen, was Sie als Einzelperson leisten können und wollen und es kann darum gehen, wie die Schule als größere Organisation mit der Situation umgeht. Weiterhin befinden Sie sich in der Zusammenarbeit mit angehenden Lehrkräften ja immer in einer kooperativen Situation aus mindestens zwei Personen. Insofern stellt sich nicht nur die Frage, was Sie in die gemeinsame Situation einbringen, sondern auch, was die andere Person einbringt.

Reflexionsfragen:

Um eine Strategie zum Umgang mit der Situation zu entwickeln, beantworten Sie folgende Fragen für sich:

- Was sind die Erwartungen an mich als Mentor*in? Woher werden diese adressiert? Sollte ich diesen wirklich nachkommen?
- Was hindert mich daran, die Erwartungen zu erfüllen? Liegt dies in mir begründet, liegt dies an den Rahmenbedingungen der Schule oder liegt dies an der konkreten Zusammenarbeit mit der angehenden Lehrkraft?
- Nutzen wir in unserer Schule das Potential der Zusammenarbeit in der ganzen Schule bzw. in der Region, so dass wir die Ausbildung für angehende Lehrkräfte verbessern? Haben wir beispielsweise klare Vorstellungen über die Ausbildung, gemeinsame Prozesse und Qualitätsstandards?
- Nutzen wir in der Zusammenarbeit zwischen der angehenden Lehrkraft und mir die uns realistisch zur Verfügung stehenden Möglichkeiten, so dass beide größtmöglich profitieren?

Mögliche Herangehensweise:
Zur kurzfristigen Bearbeitung dieser Beispielsituation lohnt es sich, genau zu prüfen, welche Unterstützung durch Sie als Mentor*in für die angehende Lehrkraft tatsächlich notwendig ist und wo und wie Sie diese am besten erbringen können. Wenn Sie beispielsweise Vorbesprechungen zum Unterricht durchführen (siehe Kapitel 5) und diese klar fokussieren (beispielsweise eine Kernpraktik planen oder eine Aufgabe für Schüler*innen auf ihre kognitive Aktivierung hin optimieren) und dann während des gemeinsamen Unterrichts mit der angehenden Lehrkraft reflektieren bzw. dieser Feedback geben, sollte zwar trotzdem nicht auf eine Nachbesprechung verzichtet werden, diese kann dann aber eventuell kürzer ausfallen. Langfristig könnten Sie Möglichkeiten suchen und nutzen, die mit der Ausbildung von Lehrkräften verbundenen Anforderungen an der Schule systematisch im Schulentwicklungskonzept zu etablieren.

Situation 4: Die angehende Lehrkraft berichtet von einer hohen Beanspruchung

Beschreibung der Situation:

In Gesprächen mit der angehenden Lehrkraft – in diesem Fall Praktikant*in während des Studiums – wird deutlich, dass diese sich stark belastet mit der Situation fühlt. Sie beschreibt, dass sie oft sehr lange arbeitet und dann doch keine guten Ideen hat und wieder auf Konzepte zurückgreift, die sie aus der eigenen Schulzeit kannte, anstatt neu gelerntes Wissen anzuwenden. Sie hat darüber hinaus noch weitere Verpflichtungen neben dem aktuellen Praktikum (z. B. Nebenjob und universitäre Verpflichtungen).

Einordnung der Situation:
Der Wunsch nach mehr Praxis ist bei Studierenden der Lehrkräftebildung ausgeprägt und viele Studierende freuen sich auf schulpraktische Situationen. Gleichzeitig ist die Situation in der Schule eine andere als in der Universität und für die Studierenden entstehen neue und bisher unbekannte Belastungen (siehe Kapitel 1). Auch eine Tätigkeit in einem Nebenjob während des Studiums ist nicht selten und für viele Studierende zur Existenzsicherung notwendig.
Eine zu starke Belastung der angehenden Lehrkräfte kann weitreichende negative Folgen mit sich bringen. So besteht schon früh die Gefahr, dass Studierende unreflektiert Verhaltensweisen übernehmen, die zwar zu vordergründig „ruhigem" Unterricht führen, dabei aber das Lernen der Schüler*innen nur bedingt fördern.

Reflexionsfragen:
Um eine Strategie zum Umgang mit der Situation zu entwickeln, beantworten Sie folgende Fragen für sich:

- Ist das, was ich von der angehenden Lehrkraft erwarte, angemessen in Bezug auf den Ausbildungsstand und die zur Verfügung stehende Zeit?
- Ist meine Unterstützung so aufgebaut, dass die angehende Lehrkraft gut lernen kann? Habe ich mit der angehenden Lehrkraft Klarheit darüber, wann und wie diese für ihren eigenen Lernprozess verantwortlich ist und wann der Lernprozess der Schüler*innen im Vordergrund steht?
- Besteht Klarheit darüber, wo die entscheidenden Beanspruchungen für die angehenden Lehrkräfte entstehen?

Mögliche Herangehensweise:
Neben einer grundsätzlichen Prüfung, ob das Praktikum tatsächlich zum jetzigen Zeitpunkt stattfinden muss, oder ob durch eine zeitliche Verlegung die Situation gelöst (und nicht nur vertagt) werden kann sowie einer Abwägung, welche außerschulischen Aspekte hier betrachtet werden müssen, könnte der Schwerpunkt der Bearbeitung der Situation auf der konkreten Ausgestaltung des Praktikums liegen. Erneut bietet es sich an, die angehende Lehrkraft durch gemeinsame Bearbeitungsprozesse echter Aufgaben als Teil einer gemeinsamen Praxis anzusehen. Dabei sollte ein klarer Fokus gelegt werden, der es ermöglicht, nur an ganz spezifischen Aspekten der Lehrkräfteprofessionalität zu arbeiten. Beispielsweise kann an einer bestimmten Kernpraktik des Lehrkräftehandelns, also einer Tätigkeit, die in der Unterrichtsgestaltung immer wieder vorkommt und für das Gelingen der Lernprozesse der Schüler*innen fundamental ist, gearbeitet werden.

Situation 5: Die angehende Lehrkraft und ich sehen unterschiedliche Gesprächsschwerpunkte

Beschreibung der Situation:

Sie binden die angehende Lehrkraft in Ihren Unterricht ein und diese übernimmt auch bereits die Gestaltung erster Unterrichtsstunden. Sie führen regelmäßig Unterrichtsvor- und -nachbesprechungen durch. Dabei ist Ihnen wichtig, dass die Anliegen der angehenden Lehrkraft zur Sprache kommen. Leider fällt Ihnen bereits zum wiederholten Male auf, dass die Themen, die von der angehenden Lehrkraft eingebracht werden, nicht die Themen sind, die Sie als besonders wichtig erachten. Sie möchten einerseits die Bedarfe der angehenden Lehrkraft besprechen, aber auch die eigenen Themen ansprechen.

Einordnung der Situation:
Die Wahl der besten Gesprächsthemen ist nicht trivial. Im Sinne eines konstruktivistischen Coachings (siehe Kapitel 3) ist es grundsätzlich zu begrüßen, wenn angehende Lehrkräfte die Themen des Gesprächs mitbestimmen und sich die Themenwahl an den Interessen und Bedürfnissen der Lernenden orientiert.
Gleichzeitig lassen sich an die besprochenen Themen Qualitätskriterien (siehe Kapitel 4 und 5) anlegen. Ist das Thema Kern der Lehrkräfteprofessionalität? Ist das Thema wichtig für das Lernen der Schüler*innen? Lässt sich das Thema im Unterricht anhand objektivierter Kriterien und Maßstäbe beobachten? Kann die angehende Lehrkraft in überschaubarer Zeit etwas ändern? In Gesprächen werden teilweise relativ viele Themen, diese aber eher kurz, besprochen. Dabei ist es oftmals lohnenswerter, ein Thema oder eine Situation umfänglicher zu bearbeiten.

Reflexionsfragen:
- Haben die angehende Lehrkraft und ich als Mentor*in gleiche Ziele für das Praktikum bzw. die Phase im Vorbereitungsdienst?
- Haben wir gleiche oder ähnliche Vorstellungen von unserer Zusammenarbeit und den Rollen, die wir einnehmen?
- Sind die Themen, die wir in Besprechungen diskutieren, alle wichtig für den Lernprozess der angehenden Lehrkraft und/oder der Schüler*innen? Gehören die Themen zum Kern der Lehrkräfteprofessionalität? Sind besprochene Verhaltensweisen beobachtbar und anhand von Kriterien zu beschreiben? Kann die angehende Lehrkraft in überschaubarer Zeit an der Veränderung ihres Handelns arbeiten?
- Arbeiten wir kontinuierlich an der Weiterentwicklung der Professionalität der angehenden Lehrkraft oder besprechen wir oft nicht relevante Themen?

Mögliche Herangehensweise:
Eine mögliche Herangehensweise in dieser Situation kann es sein, in einem der Besprechung des konkreten Unterrichts vorgelagerten Gesprächs gemeinsam herauszuarbeiten, auf welche Aspekte der Unterrichtsgestaltung und Lehrkräfteprofessionalität in den folgenden Besprechungen ein besonderer Fokus gelegt werden soll. Hierbei ist es zentral, dass die Teilnehmenden begründen, warum eine bestimmte Fokussierung für sie notwendig erscheint. Mit einem solchen, klar abgestimmten Plan zur Gestaltung haben beide Teilnehmer*innen dann ein gemeinsames Hilfsmittel zur Fokussierung.

Situation 6: In Unterrichtsnachbesprechungen fällt es mir schwer, einen klaren Fokus zu behalten

Beschreibung der Situation:
Sie beobachten den Unterricht einer Studierenden bzw. einer LiV und möchten danach in einer Unterrichtsnachbesprechung Feedback geben. Ihnen ist wichtig, dass die angehende Lehrkraft möglichst viel aus der Nachbesprechung lernt. Sie haben sich viele Notizen während der Unterrichtsstunde gemacht und nennen der angehenden Lehrkraft alles, was Sie beobachtet haben. Dabei fällt es Ihnen jedoch schwer, einen klaren Fokus zu behalten und Sie haben das Gefühl, dass die angehende Lehrkraft die Vielzahl an Informationen gar nicht aufnehmen kann.

Einordnung der Situation:
Unterricht ist überaus komplex und vielschichtig. Sowohl angehenden als auch erfahrenen Lehrkräften fällt es bei der Vielzahl an gleichzeitig ablaufender und sich gegenseitig bedingender Prozesse klar herauszuarbeiten, welche Aspekte für das Lernen der Schüler*innen und angehenden Lehrkräfte von besonderer Relevanz sind. Zudem gibt es oft nicht nur einen ganz klaren Weg, eine Unterrichtsstunde erfolgreich zu gestalten.
In Unterrichtsnachbesprechungen, die nicht systematisch vorbereitet wurden, kann so leicht eine gewisse „Beliebigkeit" der Themen entstehen. Angehende Lehrkräfte äußern ein Unverständnis über diese Beliebigkeit teilweise darüber, dass sie angeben, dass die Lehrenden anderer Institutionen (z. B. der Universität oder des Studienseminars) einen ganz anderen Fokus setzen würden und man so „gar nicht wisse, worauf man achten soll".

Reflexionsfragen:
Um eine Strategie zum Umgang mit der Situation zu entwickeln, beantworten Sie folgende Fragen für sich:
- Woher kann die angehende Lehrkraft, die ich begleite, wissen, welche Aspekte bei der Unterrichtsgestaltung besonders wichtig sind?
- In welchem Format können die angehende Lehrkraft und ich uns auf Themen für Besprechungen und einen Beobachtungsfokus einigen?
- Was hilft mir persönlich, um den Überblick über komplexe Sachverhalte zu halten?

Mögliche Herangehensweise:
Ein sinnvoller Umgang sehen wir darin, Unterrichtsnachbesprechungen nicht unvorbereitet durchzuführen, sondern in ein Unterstützungsmodell (Kapitel 5) zu integrieren. Ein wiederkehrender Kreislauf der Unterstützung startet dabei mit

einer klar strukturierten Unterrichtsvorbesprechung, in der neben einer gemeinsamen Verständigung über die Ziele und den Aufbau der Unterrichtsstunde auch die Definition von konkreten Beobachtungsaufgaben erfolgt. Diese dadurch gelenkten Beobachtungen können dann während der Unterrichtsstunde erfolgen und im Austausch an die Unterrichtsnachbesprechung durch Reflexion und Feedback ausgetauscht, vertieft und begründet werden. Die Definition von nur wenigen Kriterien, die nach Möglichkeit einen klar zu erwartenden Einfluss auf das Lernen der Schüler*innen haben, hilft dabei, die entscheidenden Punkte nicht aus den Augen zu verlieren.

Literaturverzeichnis

Bach, A. (2015). *Das Praxissemester in der Lehrerinnen- und Lehrerbildung. Ergebnisse einer Evaluationsstudie zum Praxissemester an der Europa-Universität Flensburg*. Flensburg: Zentrum für Lehrerinnen- und Lehrerbildung (ZfL), Europa-Universität Flensburg.

Baumert, J. & Kunter, M. (2006). Stichwort: Professionelle Kompetenz von Lehrkräften. *Zeitschrift für Erziehungswissenschaft, 9*(4), 469–520. https://doi.org/10.1007/s11618-006-0165-2

Beckmann, T. (2020). *Professionalisierung im Langzeitpraktikum. Unterstützung Studierender durch universitäre und schulische Lehrkräftebildner/-innen*. Dissertation. Leuphana Universität Lüneburg, Lüneburg. http://opus.uni-lueneburg.de/opus/volltexte/2020/14606/

Beckmann, T. & Ehmke, T. (2020). Forschendes Lernen im Langzeitpraktikum. Bedingungsfaktoren der Unterstützung von Lehramtsstudierenden. *Psychologie in Erziehung und Unterricht, 67,* 112–123. https://doi.org/10.2378/peu2020.art07d

Beckmann, T., Ehmke, T., Müller, K., Brückner, J., Spöhrer, S. & Sandra, W. (2018). Lerngelegenheiten im niedersächsischen Langzeitpraktikum. Unterrichtsbesprechungen professionalisieren. In I. Biederbeck & M. Rothland (Hrsg.), *Praxisphasen in der Lehrerbildung im Fokus der Bildungsforschung* (S. 25–34). Münster: Waxmann.

Brack, L. (2019). *Professionalisierung im Gespräch. Subjektivierungen in Nachbesprechungen zum Grundschulunterricht im Rahmen des Semesterpraktikums*. Bad Heilbrunn: Klinkhardt.

Bromme, R. (2008). Lehrerexpertise. In W. Schneider, M. Hasselhorn & J. Bengel (Hrsg.), *Handbuch der pädagogischen Psychologie* (S. 159–167). Göttingen: Hogrefe.

Degeling, M., Franken, N., Freund, S., Greiten, S., Neuhaus, D. & Schellenbach-Zel, J. (Hrsg.). (2019). *Herausforderung Kohärenz: Praxisphasen in der universitären Lehrerbildung. Bildungswissenschaftliche und fachdidaktische Perspektiven*. Bad Heilbrunn: Klinkhardt.

Dengerink, J., Lunenberg, M. & Korthagen, F. (2015). The Professional Techer Educator: Six Roles. *Beiträge zur Lehrerinnen- und Lehrerbildung, 33*(3), 334–344.

Dreyfus, S.E. (2016). The Five-Stage Model of Adult Skill Acquisition. *Bulletin of Science, Technology & Society, 24*(3), 177–181. https://doi.org/10.1177/0270467604264992

Dreyfus, S.E. & Dreyfus, H. (1986). *Mind Over Machine: The Power of Human Intuition and Expertisein the Era of the Computer*. New York: Free Press.

Esslinger-Hinz, I. & Denner, L. (2019). Die berufsfeldbezogene Lernorientierung von Lehramtsstudierenden. *Zeitschrift für Pädagogik, 65*(5), 748–768.

Esslinger-Hinz, I., Wigbers, M., Giovannini, N., Hannig, J., Herbert, L., Jäkel, L. et al. (2013). *Der ausführliche Unterrichtsentwurf.* Weinheim, Basel: Beltz.

European Commission. (2013). *Supporting teacher educators for better learning outcomes*. https://ec.europa.eu/assets/eac/education/policy/school/doc/support-teacher-educators_en.pdf

Felten, R. v. (2005). *Lernen im reflexiven Praktikum. Eine vergleichende Untersuchung*. Münster: Waxmann.

Fichten, W. (2017). Forschendes Lernen in der Lehrerbildung. In R. Schüssler, A. Schöning, V. Schwier, S. Schicht, J. Gold & U. Weyland (Hrsg.), *Forschendes Lernen im Praxissemester. Zugänge, Konzepte, Erfahrungen* (S. 30–38). Bad Heilbrunn: Klinkhardt.

Fraefel, U. (2011). Vom Praktikum zur Arbeits- und Lerngemeinschaft. Partnerschulen für Professionsentwicklung. *journal für lehrerinnen- und lehrerbildung, 11*(3), 26–33.

Fraefel, U. (2017). Wo ist das Problem? Kernideen des angloamerikanischen Reflexionsdiskurses bei Dewey und Schön. In C. Berndt, T.H. Häcker & T. Leonhard (Hrsg.), *Reflexive Lehrerbildung revisited. Traditionen – Zugänge – Perspektiven* (S. 56–73). Bad Heilbrunn: Klinkhardt.

Fraefel, U. (2018). Hybride Räume an der Schnittstelle von Hochschule und Schulfeld. In L. Pilypaitytė & H.-S. Siller (Hrsg.), *Schulpraktische Lehrerprofessionalisierung als Ort der Zusammenarbeit* (S. 13–44). Wiesbaden: Springer VS.

Futter, K. (2016). *Lernwirksame Unterrichtsbesprechungen im Praktikum. Nutzung von Lerngelegenheiten durch Lehramtsstudierende und Unterstützungsverhalten der Praxislehrpersonen.* Dissertation. Universität Zürich, Zürich.

Greiten, S. & Trumpa, S. (2017). Co-Peer-Learning in Praxisphasen – ein Ausweg aus der „Tradierungsfalle" didaktischer Konzeptionen zur Unterrichtsplanung. In A. Kreis & S. Schnebel (Hrsg.), *Peer coaching in der praxissituierten Ausbildung von Lehrpersonen.* (Sonderheft der Zeitschrift ‚Lehrerbildung auf dem Prüfstand'), 66–82.

Gröschner, A. & Hascher, T. (2019). Praxisphasen in der Lehrerinnen- und Lehrerbildung. In M. Harring, C. Rohlfs & M. Gläser-Zikuda (Hrsg.), *Handbuch Schulpädagogik* (S. 653–664). Münster: Waxmann.

Gröschner, A., Müller, K., Bauer, J., Seidel, T., Prenzel, M., Kauper, T. et al. (2015). Praxisphasen in der Lehrerausbildung – Eine Strukturanalyse am Beispiel des gymnasialen Lehramtsstudiums in Deutschland. *Zeitschrift für Erziehungswissenschaft, 18*(4), 639–665.

Gröschner, A. & Seidel, T. (2012). Lernbegleitung im Praktikum – Befunde und Innovationen im Kontext der Reform der Lehrerbildung. In W. Schubarth, K. Speck, A. Seidel, C. Gottmann, C. Kamm & M. Krohn (Hrsg.), *Studium nach Bologna: Praxisbezüge stärken?!: Praktika als Brücke zwischen Hochschule und Arbeitsmarkt* (S. 171–183). Wiesbaden: Springer. https://doi.org/10.1007/978-3-531-19122-5_9

Hascher, T. (2006). Veränderungen im Praktikum – Veränderungen durch das Praktikum. Eine empirische Untersuchung zur Wirkung von schulpraktischen Studien in der Lehrerbildung. In E. Terhart & C. Allemann-Ghionda (Hrsg.), *Kompetenzen und Kompetenzentwicklung von Lehrerinnen und Lehrern: Ausbildung und Beruf* (S. 130–148). Weinheim: Beltz.

Hellmann, K. (2019). Kohärenz in der Lehrerbildung – Theoretische Konzeptionalisierung. In K. Hellmann, J. Kreutz, M. Schichow & K. Zaki (Hrsg.), *Kohärenz inder Lehrerbildung – Theorien, Modelle und empirische Befunde* (S. 9–30). Wiesbaden: Springer.

Hellmich, F. (2017). *Unter welchen Voraussetzungen kooperieren Grundschullehrkräfte im inklusiven Unterricht? Eine Studie zu den Bedingungen der Kooperationsbereitschaft von Grundschullehrerinnen und -lehrern im inklusiven Unterricht.* Lengerich: Pabst.

Helmke, A. (2015). *Unterrichtsqualität und Lehrerprofessionalität. Diagnose, Evaluation und Verbesserung des Unterrichts.* Seelze: Klett/Kallmeyer.

Huber, L. (2018). *Forschendes Lernen: Begriff, Begründungen und Herausforderungen.* https://dbs-lin.ruhr-uni-bochum.de/lehreladen/lehrformate-methoden/forschendes-lernen/begriff-begruendungen-und-herausforderungen/

Klewin, G. & Koch, B. (2017). Forschendes Lernen ohne forschende Lehrkräfte? *Die Deutsche Schule, 109*(1), 58–69.

KMK, Kultusministerkonferenz (2004, 16. Dezember). *Standards für die Lehrerbildung: Bildungswissenschaften. Beschluss der Kultusministerkonferenz vom 16.12.2004.* Sekretariat der Ständigen Konferenz der Kultusminister der Länder der Bundesrepublik Deutschland. http://www.kmk.org/fileadmin/Dateien/veroeffentlichungen_beschluesse/2004/2004_12_16-Standards-Lehrerbildung.pdf

KMK, Kultusministerkonferenz (2005, 2. Juni). *Eckpunkte für die gegenseitige Anerkennung von Bachelor- und Masterabschlüssen in Studiengängen, mit denen die Bildungsvoraussetzungen für ein Lehramt vermittelt werden. Beschluss der Kultusministerkonferenz vom 02.06.2005.* Sekretariat der Ständigen Konferenz der Kultusminister der Länder der Bundesrepublik Deutschland. http://www.kmk.org/fileadmin/Dateien/veroeffentlichungen_beschluesse/2005/2005_06_02-Bachelor-Master-Lehramt.pdf

KMK, Kultusministerkonferenz. (2010). *Ländergemeinsame inhaltliche Anforderungen für die Fachwissenschaften und Fachdidaktiken in der Lehrerbildung.* Sekretariat der Ständigen Konferenzen der Kultusminister der Länder in der Bundesrepublik Deutschland. http://www.kmk.org/fileadmin/Dateien/veroeffentlichungen_beschluesse/2008/2008_10_16-Fachprofile-Lehrerbildung.pdf

König, J., Rothland, M. & Schaper, N. (Hrsg.). (2018). *Learning to Practice, Learning to Reflect? Ergebnisse aus der Längsschnittstudie LtP zur Nutzung und Wirkung des Praxissemesters in der Lehrerbildung.* Wiesbaden: Springer. https://doi.org/10.1007/978-3-658-19536-6

König, J., Tachtsoglou, S., Darge, K. & Lünnemann, M. (2014). Zur Nutzung von Praxis. Modellierung und Validierung lernprozessbezogener Tätigkeiten von angehenden Lehrkräften im Rahmen ihrer schulpraktischen Ausbildung. *Zeitschrift für Bildungsforschung, 4*(1), 3–22. https://doi.org/10.1007/s35834-013-0084-2

Korthagen, F. (2017). Inconvenient truths about teacher learning. Towards professional development 3.0. *Teachers and Teaching, 23*(1), 387-405. https://doi.org/10.1080/13540602.2016.1211523

Korthagen, F. & Vasalos, A. (2006). Levels in reflection. Core reflection as a means to enhance professional growth. *Teachers and Teaching, 11*(1), 47–71. https://doi.org/10.1080/1354060042000337093

Korthagen, F.A.J. (2010). How teacher education can make a difference. *Journal of Education for Teaching, 36*(4), 407–423. https://doi.org/10.1080/02607476.2010.513854

Krawiec, V., Fischer, A. & Hänze, M. (2020). Anforderungen und Erschöpfung während Schulpraktika im Lehramtsstudium. In I. Ulrich & A. Gröschner (Hg.), *Edition ZfE. Praxissemester im Lehramtsstudium in Deutschland: Wirkungen auf Studierende* (Bd. 9, S. 265–287). Springer Fachmedien Wiesbaden. https://doi.org/10.1007/978-3-658-24209-1_9

Kreis, A. (2012). *Produktive Unterrichtsbesprechungen. Lernen im Dialog zwischen Mentoren und angehenden Lehrpersonen.* Bern: Haupt.

Kreis, A. & Staub, F. (2008). Praxislehrpersonen als Unterrichtscoaches und als Mediatoren in der Rekontextualisierung unterrichtsbezogenen Wissens. *Beiträge zur Lehrerbildung, 26*(2), 198–210.

Kreis, A. & Staub, F.C. (2011). Fachspezifisches Unterrichtscoaching im Praktikum. Eine quasi-experimentelle Interventionsstudie. *Zeitschrift für Erziehungswissenschaft, 14*(1), 61–83. http://dx.doi.org/10.1007/s11618-011-0170-y

Kreis, A. & Staub, F.C. (2013). Kollegiales Unterrichtscoaching. In A. Bartz, M. Dammann, S.G. Huber, T. Klieme, C. Kloft & M. Schreiner (Hg.), *PraxisWissen SchulLeitung: Basiswissen und Arbeitshilfen zu den zentralen Handlungsfeldern der Schulleitung* (33. Aktualisierungsempfehlung (Teil 3, 30.32), S. 1–13). Wolters Kluwer.

Kultusministerkonferenz & Hochschulrektorenkonferenz. (2008). *Empfehlung der Kultusministerkonferenz und der Hochschulrektorenkonferenz zur Vergabe eines Masterabschlusses in der Lehrerbildung bei vorgesehener Einbeziehung von Leistungen des Vorbereitungsdienstes.* KMK, HRK. https://www.kmk.org/fileadmin/Dateien/pdf/PresseUndAktuelles/Beschluesse_Veroeffentlichungen/KMK-HRK-Empfehlung_12-06-08_08-07-08.pdf

Makrinus, L. (2013). *Der Wunsch nach mehr Praxis. Zur Bedeutung von Praxisphasen im Lehramtsstudium* (Studien zur Schul- und Bildungsforschung, Bd. 49). Wiesbaden: Springer. http://dx.doi.org/10.1007/978-3-658-00395-1

Möhringer, J., Müller, K. & Kleinknecht, M. (in Bearbeitung). Supporting Student Teachers in School – a module-based Training Program for Mentors. *Tutoring and Mentoring.*

Müller-Fohrbrodt, G., Cloetta, B. & Dann, H.-D. (1978). *Der Praxisschock bei jungen Lehrern. Formen, Ursachen, Folgerungen; eine zusammenfassende Bewertung theoretischer und empirischer Erkenntnisse.* Stuttgart: Klett.

Mußmann, F., Riethmüller, M. & Hardwig, T. (2016). *Niedersächsische Arbeitszeitstudie Lehrkräfte an öffentlichen Schulen 2015/2016.* https://doi.org/10.3249/webdoc-3971

Neuweg, G.H. (2011). Praxis als Theorieanwendung? Eine Kritik am „Professionsgenerierungs-Ansatz". *journal für lehrerinnen- und lehrerbildung,* (3), 17–25.

Niedersächsisches Ministerium für Wissenschaft und Kultur. (2014, 21. Oktober). *Vereinbarung zur Implementierung einer Praxisphase in die viersemestrigen Masterstudiengängefür das Lehramt an Grundschulen und das Lehramt an Haupt- und Realschulen.* http://www.mwk.niedersachsen.de/download/91274/Kooperationsvereinbarung_vom_21.10.2014.pdf

Niggli, A. (2004). *Standard-basiertes 3-Ebenen Mentoring in der Lehrerinnen- und Lehrerbildung.*

Richter, D., Kunter, M., Lüdtke, O., Klusmann, U., Anders, Y. & Baumert, J. (2013). How different mentoring approaches affect beginning teachers' development in the first years of practice. *Teaching and Teacher Education, 36,* 166–177. https://doi.org/10.1016/j.tate.2013.07.012

Richter, D. & Pant, H.A. (2016). *Lehrerkooperation in Deutschland. Eine Studie zu kooperativen Arbeitsbeziehungen bei Lehrkräften der Sekundarstufe I.* Bertelsmann Stiftung.

Rothland, M. (2020). Legenden der Lehrerbildung. Zur Diskussion einheitsstiftender Vermittlung von „Theorie" und „Praxis" im Studium. *Zeitschrift für Pädagogik, 66*(2), 270–287.

Rothland, M. & Boecker, S.K. (2014). Wider das Imitationslernen in verlängerten Praxisphasen. Potenzial und Bedingungen des Forschenden Lernens im Praxissemester. *Die Deutsche Schule, 106*(4), 386–397.

Schnebel, S. (2012). Betreuung in den Schulpraktika – Einstellung und Handeln der Mentorinnen und Mentoren. In T. Hascher & G.H. Neuweg (Hrsg.), *Forschung zur (Wirksamkeit der) Lehrerinnenbildung* (S. 161–179). Wien: Lit.

Schnebel, S. & Kreis, A. (2014). Kollegiales Unterrichtscoaching zwischen Lehramtsstudierenden. Einschätzungen zur Planungskompetenz. *Journal für LehrerInnenbildung, 14*(4), 41–46.

Schön, D.A. (1987). *Educating the reflective practitioner. Toward a new design for teaching and learning in the professions.* San Francisco, Calif.: Jossey-Bass.

Schubarth, W. (2010). Lohnt sich Kooperation? – Erste und zweite Phase der Lehrerbildung zwischen Abgrenzung und Annäherung. *Erziehungswissenschaft, 21*(40), 79–88.

Schubarth, W., Speck, K., Seidel, A. & Große, U. (2007). *Endlich Praxis! Die zweite Phase der Lehrerbildung. Potsdamer Studien zum Referendariat.* Frankfurt am Main: Lang.

Staub, F. & Kreis, A. (2017). *Leitfragen zur Planung und Reflexion von Unterricht.* Pädagogische Hochschule Zürich. https://stud.phzh.ch/globalassets/stud.phzh.ch/bpa/praktika/sek1/leitfragen_zu_4_kernperspektiven_cfc.pdf

Staub, F.C., West, L. & Bickel, D. (2003). What is Content-Focused Coaching? In L. West & F.C. Staub (Hg.), *Content-focused coaching: Transforming mathematics lessons.* Heinemann.

Straub, R. & Dollereder, L. (2019). Transdisziplinäre Entwicklungsteams im ZZL-Netzwerk. Leuphana Universität Lüneburg. In J. Kleemann, K. Jennek & M. Vock (Hrsg.), *Kooperation von Universität und Schule fördern. Schulen stärken, Lehrerbildung verbessern* (S. 57–82). Leverkusen: Verlag Barbara Budrich.

Swennen, A. & Snoek, M. (2012). LehrerbildnerInnen – eine neu entstehende Berufsgruppe in Europa. Forschungsbefunde und politische Strategien. *Journal für LehrerInnenbildung, 12*(3), 20–30.

Vincenz, L., Beckmann, T. & Ehmke, T. (2018). Unterrichtsbesprechungen im Langzeitpraktikum. *Seminar, 18*(4), 96–107.

Weyland, U. & Wittmann, E. (2015). Langzeitpraktika in der Lehrerausbildung in Deutschland. Stand und Perspektiven. *Journal für LehrerInnenbildung, 15*(1), 8–21.

Weyland, U. & Wittmann, E. (2017). Praxissemester en vogue. In R. Schüssler, A. Schöning, V. Schwier, S. Schicht, J. Gold & U. Weyland (Hrsg.), *Forschendes Lernen im Praxissemester. Zugänge, Konzepte, Erfahrungen* (S. 17–29). Bad Heilbrunn: Verlag Julius Klinkhardt.

Zorn, S.K. & Rothland, M. (2020). Auf (Ab-)Wegen oder: Wie man eine „professionelle" Lehrkraft wird. In I. Ulrich & A. Gröschner (Hrsg.), *Praxissemester im Lehramtsstudium in Deutschland: Wirkungen auf Studierende* (Edition ZfE, Bd. 9, S. 129–153). Wiesbaden: Springer. https://doi.org/10.1007/978-3-658-24209-1_4

Kurzvorstellung der Autor*innen

Timo Beckmann, Dr. phil., ist in der Praktikumsstelle im Studiendekanat an der Fakultät Bildung an der Leuphana Universität Lüneburg tätig. Seine Arbeits- und Forschungsschwerpunkte sind Lerngelegenheiten in schulischen Praxisphasen, Forschendes Lernen und Kooperation in der Lehrkräftebildung. Er hat zum Thema „Professionalisierung im Langzeitpraktikum – Unterstützung Studierender durch universitäre und schulische Lehrkräftebildner*innen" promoviert und in diesem Kontext insbesondere zu Mentor*innen geforscht. Erfahrungen in der Gestaltung und Weiterentwicklung von Bildungssystem hat er während seiner Tätigkeit am Niedersächsischen Ministerium für Wissenschaft und Kultur gesammelt. Umfangreiche praktische Erfahrung in der Gestaltung von Lehr-Lernarrangements bringt er aus seiner langjährigen Tätigkeit in der Jugendverbandsarbeit mit.

Timo Ehmke, Dr. habil., arbeitet als Professor für Erziehungswissenschaft, insbesondere empirische Bildungsforschung, an der Leuphana Universität Lüneburg. Er besitzt langjährige Erfahrung in der Anwendung von Methoden der Item-Response-Theory in Schulleistungsstudien (PISA 2003 bis PISA 2015). Das Thema Sprache und Bildung steht im Zentrum der im BMBF-Schwerpunktprogramm „Kompetenzmodellierung im Hochschulsektor (KoKoHS)" geförderten Projekte DaZKom, DaZKom-Video und DaZKom-Transfer. Als Ko-Antragsteller untersucht Timo Ehmke zudem in dem DFG-Projekt "VAMPS" die Wirkung und Interaktion sprachlicher und fachlicher Anforderungen bei schulischen Leistungsaufgaben. Als federführendes Mitglied im Leitungsteam der Qualitätsoffensive Lehrerbildung an der Leuphana Universität Lüneburg arbeitet er daran, die Lehrkräftebildung mit einem phasen- und institutionenübergreifenden Ansatz (Projekt ZZL-Netzwerk) zu verbessern.

Das Buch ist unter Mitarbeit insbesondere folgender Mitglieder des ZZL-Entwicklungsteams entstanden:

Claudia Dede ist Fachseminarleiterin am Studienseminar Lüneburg für das Lehramt für Sonderpädagogik und Lehrerin am Förderzentrum Johannes-Rabeler-Schule Lüneburg. Sie ist „Lehrkraft in der Praxisphase" an der Leuphana Universität Lüneburg und begleitet Studierende im Langzeitpraktikum.

Annemarie Kriel ist Absolventin für das Lehramt an Grundschulen mit den Fächern Deutsch und Musik an der Leuphana Universität Lüneburg.

Stefan Spöhrer ist Fachseminarleiter am Studienseminar Lüneburg für das Lehramt für Sonderpädagogik, kommissarischer Schulleiter des Förderzentrums Johannes-Rabeler-Schule Lüneburg.

Sandra Witt ist Fachseminarleiterin für den Förderschwerpunkt emotionale und soziale Entwicklung am Studienseminar Lüneburg für das Lehramt für Sonderpädagogik und Lehrerin am Förderzentrum Wolfgang-Borchert-Schule Winsen. Sie ist als Trainerin für Mobbingintervention der Niedersächsischen Landesschulbehörde tätig.